나는 내 남편의 돕는 배필입니다

나는 내 **남편의** **돕는 배필**입니다

남편이 하나님의 뜻을 이루도록 돕는 아내

베벌리 브래들리 지음 | **윤주란** 옮김

홈앤에듀

Becoming Your Husband's Helpmate:

Helping Your Husband Become the Man God Intends Him to Be / Beverly Bradley

Originally published in the USA by Family Ministries Publishing
under the title It Turns Out... Women AREN'T Crazy:
Understanding the Mind of A Woman
Text Copyright © 2025 by Beverly Bradley

Korean Edition published by Home&Edu in 2025
Translated and used by permission of Family Ministries Publishing
Printed in Korea.

이 책을 _____ 님께

드립니다

서문

결혼은 하나님께서 창조하신 가장 아름다운 연합 중 하나이며, 부부는 서로 돕고 세워주며 함께 성장하는 관계로 부름받았습니다. 그러나 현실 속에서 많은 부부가 서로를 온전히 이해하지 못하고, 갈등과 어려움을 겪으며 지쳐가기도 합니다. 『나는 내 남편의 돕는 배필입니다』는 그런 부부들, 특히 아내에게 주어진 역할과 사명을 깊이 깨닫고, 하나님의 뜻 안에서 더욱 아름다운 가정을 세우는 길을 제시합니다.

저자인 베벌리 브래들리는 자신의 결혼 생활과 오랜 신앙적 여정을 바탕으로, 아내가 남편을 어떻게 존경하고 사랑하며 영적으로 돕는 배필이 될 수 있는지를 성경적인 통찰과 실제적인 조언을 통해 나눕니다. 본서는 단순한 역할 수행을 넘어, 아내로서의 존재 의미를 새롭게 발견하고 하나님께서

디자인하신 가정의 질서를 회복하는 데 중점을 둡니다.

책을 읽으며 독자들은 성경 말씀을 통해 하나님이 주신 결혼의 목적을 다시금 깨닫고, 기도와 실천을 통해 남편과 더욱 깊은 신뢰와 사랑의 관계를 맺을 수 있는 지혜를 얻게 될 것입니다. 또한, 결혼 생활 속에서 겪는 도전과 갈등을 하나님의 시선으로 바라보고 극복하는 법을 배우게 될 것입니다.

이 책이 아내로서 고민하는 모든 분들에게 따뜻한 위로와 확신이 되기를 바라며, 가정이 하나님이 기뻐하시는 아름다운 연합으로 세워지는 귀한 도구가 되기를 소망합니다.

발행인

목차

1. 차 한잔 어때요?

인생을 살아가면서 우리는 크고 작은 수많은 순간들을 지나쳐 갑니다. 때로는 기쁜 순간도, 때로는 슬프고 마음을 지치게 하는 순간도 있습니다. 그런 순간마다 누군가와 따뜻한 차 한잔을 나누며 이야기 나눌 수 있다면 얼마나 좋을까요? 저는 여러분과 함께 그 시간을 가져보고 싶습니다.

자, 그럼 우리 같이 차를 마시며 마주보고 이야기를 나누는 상상을 해 볼까요? 당신의 마음속 이야기도 듣고, 50년 가까이 된 제 결혼 생활 가운데 선한 목자가 되어 주신 주님이 저를 어떻게 이끄셨는지 나눌 수도 있을 거예요. 그런 마음으로 이 책을 읽어주세요. 저는 책을 쓰고 당신은 책을 읽는 것이 아닌, 우리의 마음을 나눈다는 생각으로 말이에요.

마음을 열고 진솔하게 나누는 대화 속에서, 위로와 격려, 그리고 무엇보다 하나님께서 허락하신 지혜를 발견할 수 있길 바랍니다.

그럼 먼저, 아주 단순한 진리 하나로 이야기를 시작해 볼게요. '남자와 여자는 다르다.' 어디선가 한숨 소리가 들리는 것 같네요.

우리는 모두 이 사실을 잘 알고 있어요. 하지만 때때로 이 단순한 진리가 우리 삶 속에서 얼마나 큰 영향을 미치는지 간과할 때가 있진 않나요? 남녀의 차이는 단순히 신체적·생물학적인 것 뿐만 아니라, 사고방식, 감정 표현, 문제 해결 방식까지도 다릅니다. 이러한 차이를 이해하지 못하면 사소한 오해가 쌓이고, 그 오해가 깊어지면 어느새 관계에 균열이 생길 수 있습니다. 하지만 하나님께서는 우리가 이러한 차이를 극복하고 더 깊이 사랑할 수 있도록 지혜를 주시기를 원하십니다.

> "지혜를 얻는 것이 금을 얻는 것보다 얼마나 나은고 명철을 얻는 것이 은을 얻는 것보다 더욱 나으니라" (잠언 16:16)

만일, 이 말씀이 진실이면—당연히 진실이지요—명철을 얻는 것이 돈보다 더 귀한 일이니, 예수님께 우리의 마음을 다해 남편의 마음을 이해할 수 있는 지혜와 명철을 달라고 구해 봅시다.

많은 부부가 결혼을 하고 어려움을 겪는 이유 중 하나가 바로 서로를 이해하지 못하는 데 있습니다. 우리는 남편이 나의 감정을 알아주길 바라지만, 정작 남편의 마음을 깊이 들여다보려 하지 않는 경우가 많죠. 또 남편을 있는 그대로 이해하고 받아들이기보다 자신의 기대에 맞추려 하지는 않았나요?

그렇다면 이제 어떻게 해야 할까요? 하나님께서는 어떻게 하길 원하실까요? 바로 말씀을 의지하여 하나님께 지혜를 구하는 것입니다. 하나님께서 주시는 지혜는 세상의 방식이 아닌, 사랑과 인내로써 우리가 배우도록 인도하십니다.

> "그런 자의 남편의 마음은 그를 믿나니 산업이 핍절하지 아니하겠으며 그런 자는 살아 있는 동안에 그의 남편에게 선을 행하고 악을 행하지 아니하느니라" (잠언 31: 11~12)

> "내가 기도하노라 너희 사랑을 지식과 모든 총명으로 점점 더 풍성하게 하사" (빌립보서 1:9)

남편을 대할 때 이전과 다르게 행동해야 한다고, 당신이 달라져야 한다고 말하지 않겠습니다. 누구보다 당신은 '더 나은 아내가 되기 위해' 많은 걸 듣고 또 노력해 보았을 거예요. 지칠 정도로 말이죠.

당신은 최선을 다하고 있으며, 결혼 생활을 하면서 수많은 시행착오를 겪었을 것입니다. 때로는 기도하며 인내했고, 때로는 낙심해 눈물 짓다가 겨우 힘을 내서 일어나기도 했을 거예요.

중요한 것은 우리가 매일 조금씩 성장하고 있다는 사실입니다. 하나님께서는 우리의 작은 노력도 소중하게 여기시고, 그것을 통해 더 큰 축복을 허락하십니다.

지금 남편과의 관계에서 지치거나 낙심했더라도 너무 걱정하지 마세요. 억지로 남편을 바꾸려 애쓰지 않아도 됩니다. 단지 그를 이해하면 됩니다.

더 좋은 소식은 하나님께서 당신에게 그 이해력을 주시기 원하신다는 거예요. 남편을 바꾸려는 노력보다 더 중요한 것은, 그를 이해하려는 마음입니다. 그를 있는 모습 그대로 받아들이고, 모든 사람을 하나님께서 독특한 존재로 창조하셨듯 남편도 그런 존재라는 걸 인정하는 것이 필요하죠. 그것만으로도 변화는 시작될 수 있어요.

> **"대저 여호와는 지혜를 주시며 지식과 명철을 그 입에서 내심이며..."** (잠언 2:6)

🌿 저와 함께 소리 내어 기도해주세요.

사랑하는 아버지, 귀한 남편을 만나 가정을 이루게 하심을 감사드립니다. 내 남편을 이해하기를 간절히 원합니다. 그는 나와 참 많이 다르지만, 그의 마음을 진심으로 이해하고 싶습니다. 그의 생각, 감정, 그리고 고민들까지도 깊이 헤아릴 수 있는 지혜를 저에게 허락해 주세요. 인간적인 기대와 판단이 아니라, 주님께서 주시는 사랑으로 그를 바라볼 수 있도록 도와주세요. 놀라우신 예수님의 이름으로 기도합니다. 아멘.

차분히 기도하면서 결혼 생활을 돌아보고, 하나님이 주시는 마음을 따라가 보세요. 소그룹 모임을 통해 서로의 경험을 나눌 때 모임에서의 대화뿐만 아니라 주님과의 관계도 더욱 깊어질 것입니다.

· · · · ·

1. 가장 마음에 와닿은 구절에 밑줄을 긋고 이유를 써보세요.

2. "남자와 여자는 다르다"라는 문장을 보면 거부감이 드나요, 인정이 되나요? 거부감이 든다면 왜 그런가요? 인정이 된다면 어떤 점이 가장 공감이 되나요?

3. 하나님께 지혜와 명철을 구하면 남편을 대하는 태도는 어떻게 변할 수 있을까요?

4. 남편의 습관이나 행동 등 가장 이해하기 어려운 부분은 어떤 것인가요? 그럴 때 마음은 어땠는지, 그로 인한 갈등도 써봅시다.

5. 4번의 갈등이 생겼을 때 갈등을 해소하는 나만의 방법이 있나요?

6. 남편이 인내해주고 이해해주는 나만의 습관이나 말, 행동은 무엇이 있다고 생각하나요?

2. 읽을 것인가 만날 것인가

목사인 친구가 수십 년 전 우리가 대학생일 때 해
준 말을 여러분과 나누고 싶습니다. 당시 저는 매
일 성경을 읽기는 했지만, 주변의 신실한 친구들과
달리 그 시간을 즐기지는 못했습니다. 친구들이 각
자 읽은 말씀을 나누는 모습은 정말 기쁘고 행복해
보였습니다. 하지만 저에게 성경을 읽는 것은 오랜
습관이었을 뿐이었습니다. 그저 크리스천으로서의
의무감이었죠. 저와 같은 경험을 하신 분들이 꽤 있
을 거라고 생각합니다. 성경을 읽어야 한다는 의무

감만 있어 반복되는 일과처럼 느껴지고, 읽지 않으면 죄책감이 들고요. 읽어도 안읽어도 마음이 편하지가 않은 거죠. 하지만 말씀을 대하는 우리의 태도가 바뀔 때, 성경은 더 이상 지루한 책이 아니라 살아 있는 하나님의 음성이 됩니다. 그러나 그 당시 저는 이 진리를 알지 못했습니다.

"도저히 이해가 안 돼. 무슨 말인지 하나도 모르겠어." 답답한 마음을 친구에게 말했습니다. 그런 저에게 친구는 짧지만 정말 소중한 말을 들려주었습니다.

"베벌리, 매일 말씀을 읽기 전에 성경에 손을 얹고 '주님, 제가 말씀을 읽을 때, 당신의 마음을 저에게 나타내 주세요.'라고 기도해 봐."

지난 50년간 저는 성경을 펼치기 전 늘 이렇게 기도했습니다. 그 기도는 변화의 시작이었어요. 기도를 드리기 전과 후의 차이는 너무나도 컸습니다. 어느새 성경이 단순히 종이 위의 글자가 아니라, 살아 있는 하나님의 음성이 되어 제 삶 속으로 들어왔습니다. 말씀을 읽는 것이 의무적인 시간이 아니라 하나님과의 만남의 시간이 되었고, 그분의 사랑과 지혜를 깨닫는 기회가 된 것입니다.

당신과 이 이야기를 나누는 이유가 뭘까요? 왜냐하면 주님은 말씀을 통해 우리의 결혼 생활에 많은 격려와 힘을 북돋아 주시기 때문입니다.

우리는 때로 성경이 규칙서처럼 느껴질 때가 있습니다. 그 규칙들이 너무 엄격하고 부담스럽게 느껴지지요. 그러나 하나님의 말씀은 단순한 규칙이 아니라, 우리에게 주시는 사랑의 초대장입니다. 그분은 우리가 성경을 통해 지켜야 하는 것과 해서는 안되는 것을 아는 것을 넘어, 그분의 마음을 알고 그분과 교제하길 원하십니다. 그리고 나의 삶을 변화시키고, 결혼 생활에서의 온갖 갈등을 풀어주고 성숙하게 하는 지혜가 되어줍니다.

그렇기에 아름다운 진리는 다음과 같습니다. '하

나님은 우리에게 자신의 마음을 드러내시고, 우리를 향한 사랑을 보이시길 원합니다.' 그러나 그분은 우리를 만나길 원하시지만 슬프게도 우리는 그분의 마음을 놓치고 살아갑니다.

바쁜 일상 속에서 우리는 너무나 쉽게 하나님의 음성을 잊곤 합니다. 할 일이 많고, 걱정이 쌓이고, 생각이 많아질수록 하나님의 말씀은 점점 뒷전이 됩니다.

그러나 하나님의 말씀을 읽는 것은 그분과의 만남이기에 우리는 그 만남을 통해서 위로를 받고, 사랑을 깨닫고, 우리 삶 속에서 하나님께서 일하시는 방법을 발견할 수 있습니다.

주님과의 만남은 멀리 있는 것이 아니라 성경을 펼치는 순간, 하나님의 마음을 들을 기회를 갖게 되는 것입니다. 그분은 우리를 언제나 기다리고 계십니다.

이 책 속에서 하나님의 말씀과, 또 저와 많은 다른

아내들이 나눠준 이야기를 읽기 전, 여러분들도 하나님께서 당신에게 말하길 원하시고, 사랑을 보이길 원하신다는 것을 기대하며 참 좋으신 아버지 하나님께 나아가기를 기도합니다. 이 시간을 통해 우리의 믿음이 더욱 깊어지고, 남편과의 관계 속에서 더 많은 은혜를 경험하게 되기를 바랍니다.

> "문지기는 목자에게 문을 열어 주고, 양들은 그의 목소리를 알아듣는다. 그리고 목자는 자기 양들의 이름을 하나하나 불러서 이끌고 나간다. 자기 양들을 다 불러낸 다음에, 그는 앞서서 가고, 양들은 그를 따라간다. 양들이 목자의 목소리를 알고 있기 때문이다." (요한복음 10:3~4, 새번역)

우리는 목자의 음성을 듣는 양과 같습니다. 양이 목자의 음성을 알고 따르듯, 우리도 주님의 말씀에 집중할 때, 그분이 인도하시는 길을 따르며 그분과

동행하는 삶을 살게 될 것입니다.

🌿 저와 함께 소리 내어 기도해주세요.

사랑하는 하나님, 제가 오늘 성경 말씀을 읽을 때, 주님의 음성을 듣기 원합니다. 하나님 아버지께서 저에게 말씀하시길 원하시고 또 사랑을 보이길 원하심을 믿습니다. 제 마음을 열어 주셔서 단순히 글자를 읽는 것이 아니라, 말씀 속에서 주님의 음성을 듣게 해주세요. 제가 혼자라고 느낄 때, 말씀으로 위로 받게 하시고, 제가 흔들릴 때, 말씀을 통해 방향을 찾길 원합니다. 주님을 더 깊이 만나길 소망합니다. 저를 도와주세요. 우리의 소망이신, 예수님의 이름으로 기도드립니다. 아멘.

차분히 기도하면서 결혼 생활을 돌아보고, 하나님이 주시는 마음을 따라가 보세요. 소그룹 모임을 통해 서로의 경험을 나눌 때 모임에서의 대화뿐만 아니라 주님과의 관계도 더욱 깊어질 것입니다.

· · · · · ·

1. 가장 마음에 와닿은 구절에 밑줄을 긋고 이유를 써보세요.

2. 성경을 의무적으로 읽었던 경험이 있나요? 지금은 어떤가요?

3. 하나님의 말씀을 통해 결혼 생활에 변화를 경험한 적이 있나요?

4. 성경 말씀이 하나님의 음성처럼 들렸던 경험이 있다면 나눠봅시다.

5. 말씀을 꾸준히 읽고 있나요? 그렇지 않다면 가장 방해가 되는 것은 무엇인가요?

3. 그때는 괜찮은 생각 같았어요

창세기 2장 18절을 같이 볼까요?

> "여호와 하나님이 이르시되 사람이 혼자 사는 것이
> 좋지 아니하니 내가 그를 위하여 돕는 배필을 지으
> 리라 하시니라" (창세기 2:18)

하와는 돕는 배필로서의 역할을 맡았지만, 인생 경험은 부족했습니다. 하와가 가졌던 돕는다는 생각은 하와 자신과 남편인 아담에게, 또 그 자손들에게 결과적으로 커다란 해를 입혔습니다.

하와는 하나님의 계획을 철저하게 신뢰한다는 것이 무엇인지 몰랐습니다. 그녀는 이사야를 통해 하나님께서 우리에게 주신 메시지를 몰랐던 것입니다.

> "이는 내 생각이 너희의 생각과 다르며 내 길은 너희의 길과 다름이니라 여호와의 말씀이니라 이는 하늘이 땅보다 높음 같이 내 길은 너희의 길보다 높으며 내 생각은 너희의 생각보다 높음이니라."
>
> (이사야 55:8~9)

그녀의 의도 자체는 악하지 않았지만, 그녀는 하나님의 계획을 신뢰하지 못하고 자신의 판단을 따랐던 것입니다. 이것은 우리에게도 익숙한 모습일 수 있습니다. 종종 우리는 선한 뜻으로 무언가를 결정하지만, 그 결정이 예상치 못한 결과를 초래할 때가 있습니다. 그러나 하나님은 우리의 제한된 시야보다 더 넓은 관점에서 계획을 세우십니다. 그 순간 우리의 계획이 아무리 합리적으로 보일지라도, 하나님의 인도하심 없이는 올바른 방향으로 나아가기 어렵습니다. 하나님의 계획을 우리가 이해하든지 그렇지 못하든지, 그분의 계획은 언제나 아름답습니다.

우리가 하나님의 지혜만을 항상 의지하는 것이 아님을 아신 하나님께서는 우리에게 자기자신의 지혜를 의지하지 말라고 경고하셨습니다.

> "어떤 길은 사람이 보기에 바른 것 같지만 결국은 죽음에 이르고 만다." (잠언 14:12, 현대인의 성경)

이 말씀이 말하는 것은 '나쁜' 것으로 보이는 길이 나쁜 결과를 주는 것이 아니라, 우리 눈에 '바른' 길 같아 보이지만 악한 결과를 줄 수 있다는 것입니다.

우리가 옳다고 생각하는 것이 항상 선한 결과를 낳는 것은 아닙니다. 인간의 이해력과 경험으로만 결정하는 것이 아니라, 하나님께 의지해야 한다는 사실을 이 구절이 강조하고 있습니다.

'바른'의 히브리어는 '야샤르(Jashar)'로, 곧게 선, 적합한, 정당한, 혹은 안전한의 의미를 갖습니다. 하늘 아버지께서는 우리 눈에 '바른' 것, '안전한' 것처럼 보이는 것이 우리의 생명을 빼앗을 수 있다는 것을 알기 원하십니다.

아마도 이렇게 말이죠. "남편이 좀 바뀌어야 해..." 혹은 "남편에게 끊임없이 알려주지 않으면 자기가 한 행동이 괜찮은 거라고 생각한다니까." 또는 "성경은 남편이 어떻게 해야 하는지 말하고 있어. 내가 할 일은 남편이 그렇게 할 수 있도록 '돕는 배필'이 되는 거야." 당신은 어떤 것에 동의를 하나요?

주님은 잠언 14장 12절에서 우리에게 옳다고 생각하는 길의 끝에 '고난'이 있을 거라고 말씀하시나요? 그렇지 않습니다. 그분은 **죽음**에 이를 거라고 하셨습니다. 우리가 스스로 선택한 길에는 생명이 없다고 경고하십니다.

"너는 마음을 다하여 여호와를 신뢰하고 네 명철을 의지하지 말라 너는 범사에 그를 인정하라 그리하면 네 길을 지도하시리라" (잠언 3:5~6)

여기서 우리에게 분명히 말씀하시는 것은 주님을 의지하고, 나 자신의 명철을 의지하지 말며, '옳게 보이는 것'을 조심하라는 것입니다. 그분은 모든 일에 주님을 인정하라고 하시며, 우리에게 길을 인도하겠다고 약속하십니다. 우리는 그분의 인도가 절실히 필요합니다.

세상이라는 이 왕국의 사고 방식이 '현실'과 같이 보이나 우리는 이 왕국에 속한 사람이 아닙니다. 우리는 아름다운 왕이 거하시는 새로운 왕국, 영원한 왕국에 속한 자들입니다. 그분이 다스리는 왕국의 길은 이 세상이 보여주는 것과 매우 다릅니다. 그의 길은 언제나 우리에게 생명을 가져다줍니다.

"너는 범사에 그를 인정하라..."

그렇다면 '인정한다'는 것은 무엇을 의미할까요?

상상을 하나 해볼까요? 누군가 당신의 문을 두드리는 장면을 머릿속에 그려보세요. 당신이 얼른 문 앞으로 가 문을 여네요. 그리고 문이 열리자, 밖에 예수님이 서 계십니다. 당신의 관심은 오직 예수님께 집중됩니다. 그분을 알아본 당신은 주님께서 당신에게 어떤 이야기를 하실까 모든 이야기를 들을 준비가 되어 있습니다.

사우나에서 직접 세신을 해보거나, 세신하는 걸 본 적이 있을 겁니다. 몸에 때와 죽은 세포를 씻어 내는 것이지요. 이는 도마뱀이 허물을 벗는 것과 같습니다.

우리의 정신과 마음도 '세신'이 필요합니다. 우리를 연약하게 하는 모든 생각에서 자유롭기 위해서, 새로운 명철함 가운데 나아가기 위해서 말입니다. 하지만 종종 두려움은 하나님의 인도하심을 의지하지 못하도록 우리를 막습니다.

결혼 생활에서, 내가 가장 두려워하는 것이 무엇인지 파악하기까지 긴 시간이 걸렸습니다. 그것은 '내가 통제할 수 없다는 것'이었습니다. 하지만 결국 하나님을 인정하는 것이 필요함을 이해했을 때, 나는 그분께 이 문제를 맡길 수 있었습니다. 그분이 나를 새로운 사고와 행동으로 인도하실 것이라는 믿음이 생겼기 때문입니다. 이 생각은 내가 스스로 떠올린 것이 아니었습니다.

하나님께서는 이 통제의 문제에서 나를 도와주기 위해 한 지혜로운 여성을 사용하셨습니다. 그녀는 저에게 이렇게 말했습니다.

"베벌리, 너는 항상 통제하려고 해. 사람들과 상황 모두를 통제하려고 하지. 아마 오랫동안 이런 얘기를 들었을 것 같아. 내가 이렇게 말하는 건 너를 부끄럽게 만들거나, 더 이상 통제하지 못하게 막으려는 게 아니야."

그녀는 나에 대해 도대체 어떻게 알았을까요?

"네가 통제하지 못하도록 막는다면 너는 굉장히 불쾌할 거야. 왜냐하면 우리가 통제를 하는 건 통제하기를 '좋아하기' 때문이야. 그런데 그거 알고 있니? 우리는 통제하도록 창조되지 않았어. 통제는 하나님만 하실 수 있어. 내가 이 말을 하는 이유는 네가 무언가를 이해하길 바라서야. *우리는 두려운 만큼 통제하려 해.*"

아내 여러분, 만일 더 이상 통제할 수 없는 상황에 부딪히면, 불편한 마음이 들 수 있어요. 왜냐하면 그때 당신의 마음에 남는 감정은 바로 '두려움'이 거든요. 하나님께서는 우리가 처한 모든 상황을 다스리심을 기억해야 합니다. 그리고 우리의 두려움을 주님 앞에 내려놓을 때, 우리는 자유롭고 평안한 마음을 누릴 수 있습니다.

이제 말씀으로 돌아가서 묵상을 해 볼까요? 그리고 더 이상 두려워하는 삶을 살지 않도록, 하나님께서 마음에 확신을 주시길 구합시다. 두려움이 사라질 때, 통제의 필요성도 함께 사라지게 될 것입니다.

> "사랑 안에 두려움이 없고 온전한 사랑이 두려움을 내쫓나니" (요한1서 4:18)

하나님의 완전한 사랑은 두려움을 내쫓습니다.

"아무것도 염려하지 말고 다만 모든 일에 기도와 간구로, 너희 구할 것을 감사함으로 하나님께 아뢰라 그리하면 모든 지각에 뛰어난 하나님의 평강이 그리스도 예수 안에서 너희 마음과 생각을 지키시리라" (빌립보서 4:6~7)

하나님께서는 우리가 두려움을 하나님께 맡기고 그분의 사랑에 의지하여 진정한 평안을 누리도록 우리를 이 말씀으로 초대하십니다. 우리는 걱정과 불안 가운데 해결책을 찾으려 하지만, 하나님께서 우리의 짐을 지고 가시겠다고 약속하셨기 때문입니다.

너무 단순한 이야기라는 걸 저도 압니다. 하지만 우리의 염려와 두려움을 그분께 드리는 것이 평안을 얻는 **유일한 방법**이라고 하나님께서는 말씀하십니다. 사람이나 상황을 통제하려는 진이 빠지는 노력은 결코 나에게도 주변 사람들에게도 지속적인 평안을 주지 못합니다.

여러분의 인생에서 매우 힘든 시기를 겪을 때, 끊임없이 그분을 '인정'할 것을 권면합니다. 악한 영은 당신과 당신의 결혼생활을 방해합니다.

> "우리의 씨름은 혈과 육을 상대하는 것이 아니요
>
> 통치자들과 권세들과 이 어둠의 세상 주관자들과
>
> 하늘에 있는 악의 영들을 상대함이라" (에베소서 6:12)

당신이 옳다고 생각하는 것이나, 다른 누군가가 옳다고 느끼는 것에 기대지 않기를 바랍니다. 그 대신, 당신을 남편의 돕는 배필로 부르신 그분께 나아가세요. 그분은 스스로를 돕는 자라고 칭하셨습니다. 당신과 당신의 남편을 향한 그분의 마음에 귀 기울여 보세요.

저와 함께 소리 내어 기도해 주세요.

사랑하는 아버지, 제 생각을 하나님께 올려 드립니다. 주님께서 언제나 가장 선한 길로 인도하심을 신뢰하는 믿음을 저에게 주세요. 그렇기에 두려워할 이유가 없음을 알게 해주세요. 적의 속삭임으로부터 저를 지켜 주시고 오직 주님의 음성만을 듣도록 도와 주시길 원합니다. 놀라우신 예수님의 이름으로 기도합니다. 아멘.

차분히 기도하면서 결혼 생활을 돌아보고, 하나님이 주시는 마음을 따라가 보세요. 소그룹 모임을 통해 서로의 경험을 나눌 때 모임에서의 대화뿐만 아니라 주님과의 관계도 더욱 깊어질 것입니다.

· · · · · ·

1. 가장 마음에 와닿은 구절에 밑줄을 긋고 이유를 써보세요.

2. '이게 맞는 것 같아.' '이렇게 하는 게 좋을 것 같아.'라고 잘못 판단해서 좋지 않은 결과를 본 경험이 있나요?

3. 남편의 습관이나 행동을 바꾸려고 했던 경험이 있나요? 그래서 어떤 일이 생겼나요?

4. 내 뜻대로 하고 싶은 마음을 참고, 하나님의 인도하심을 따라가서 좋은 결과를 본 일을 나누어 주세요.

5. 오늘부터 남편을 위해 기도할 때, 어떤 점을 중점적으로 기도해 볼 생각인가요?

4. 낯선 자와 말하지 마세요

"우리의 씨름은 혈과 육을 상대하는 것이 아니요

통치자들과 권세들과 이 어둠의 세상 주관자들과

하늘에 있는 악의 영들을 상대함이라" (에베소서 6:12)

아내 여러분, 이 책을 덮을 때 여러분이 결혼 생활
에 대해 알아야 할, 한 가지 진리를 반드시 발견하
길 소망합니다. 그것은 당신이 남편과 겪는 갈등이
나 의견 대립이 절대 당신과 남편 사이에 일어나는
일이 아니라는 것입니다. 우리의 관계 속에서 일어
나는 갈등은 단순히 눈에 보이는 문제가 아닙니다.

그 방에 다른 누군가가 있습니다.

바로 당신과 남편을 표적으로 삼는 적이 있습니다. 그는 당신의 결혼 생활을 훼방하고 갈라놓으려고 하며, 당신과 당신의 가정을 무너뜨리려는 계획을 갖고 있습니다.

그 적은 부부사이에 오해를 만들고, 불화 속에 머물게 합니다. 그렇기에 우리는 더욱 깨어 있어야 합니다. 우리의 감정이 휘둘리거나 순간적인 판단에 의해 남편과의 관계를 망치는 것이 아니라, 하나님의 진리를 붙잡고 더 깊은 이해와 존중으로 나아가며, 가정을 지켜내야 합니다.

창세기에서 사탄이 인류에 대한 공격을 시작할 때, 아담과 하와를 어떻게 노렸는지 볼 수 있습니다. 사탄은 거짓이라는 무기로 관계를 깨뜨리며 불신을 심는 데 능숙합니다. 시작은 사소한 불만과 의심이었지만, 점점 커져서 깊은 불신으로 남편과의 관계도 하나님과의 관계도 멀어지게 만듭니다.

"도둑이 오는 것은 도둑질하고 죽이고 멸망시키려
는 것뿐이요 내가 온 것은 양으로 생명을 얻게 하고
더 풍성히 얻게 하려는 것이라" (요한복음 10:10)

여호와 하나님께서 남편을 이해하고 남편의 필요
를 충족시킬 수 있도록 당신의 마음을 돌리실 때, 마
귀는 당신에게 거짓을 속삭일 겁니다. 앞서 말했듯
사탄의 주요 전략은 거짓입니다. 그는 우리를 속이
며, 우리에게 불신과 의심을 심으려 합니다. 하나님
께서 우리를 축복하시려 할 때, 사탄은 반대로 우리
를 흔들어 혼란스럽게 만듭니다.

확실합니다. 이게 바로 마귀의 일입니다. 그는 거
짓의 아비이며 거짓말이 그의 모국어입니다. (요한
복음 8:44) 그는 에덴동산에서 하와에게 했던 것처
럼 당신을 설득하려고 할 것입니다. 마귀는 하나님
의 뜻을 의심하게 만듭니다. 그는 우리에게 하나님
이 정말 신뢰할 만한 분인지 묻습니다. 우리가 하나

님의 사랑과 계획을 충분히 믿지 못할 때, 사탄은 그 틈을 파고듭니다.

"하나님 말씀대로 하면, 너가 가진 놀라운 잠재력은 발휘할 수가 없잖아." 마귀는 오늘날에도 우리에게 이렇게 속삭이고 있습니다. "하나님이 너에게 진짜로 _____ 라고 말했니?" (당신의 상황에 맞게 빈칸을 채워보세요.) "하나님이 당신에게 하라는 대로 하면 당신만 상처받게 될 거야." 에덴동산에서부터, 마귀는 우리에게 계속 거짓말을 하며 하나님 아버지의 마음을 왜곡해 왔습니다.

그렇기에 우리에게 필요한 것은, 잠잠히 앉아서 우리를 향한 하나님의 진실한 마음을 듣는 것입니다. 사탄의 교활한 계획이 있기에 우리는 더욱 주의하여 우리의 마음을 차분히 하고, 하나님이 우리를 위해 진정으로 원하시는 마음에 귀 기울여야 합니다. 마귀는 우리가 흔들리기를 바랍니다. 남편의 말 한마디로 우리의 감정을 흔들고, 사소한 오해가 깊은 상처로 남도록 유도합니다. 우리는 반드시 이 영적 전쟁을 인식해야 합니다.

> "...너희는 가만히 있어 내가 하나님 됨을 알지어다..." (시편 46:10)

안타깝게도... 선선한 저녁 시간, 하와가 하나님 아버지와 에덴동산을 산책할 때, 하와는 하나님을 진정으로 이해하지 못했거나 적어도 자신을 향한 하나님 아버지의 마음을 알지 못했을 것입니다.

아버지 하나님의 마음을 알지 못한 것은 적에게 내어준 가장 큰 약점이었습니다. 그리고 오늘날 우리도 마찬가지입니다. 우리 또한 하나님이 우리를 얼마나 사랑하시는지, 우리의 가정을 얼마나 귀하게 여기시는지를 온전히 이해하지 못할 때 적의 거짓에 속게 됩니다.

창세기 2장을 주의 깊게 살펴보세요. 하나님께서

는 어떠한 목적을 가지고 사람을 창조하시고 에덴 동산에 두셨습니다.

> "여호와 하나님이 그 사람을 이끌어 에덴동산에 두어 그것을 경작하며 지키게 하시고... 여호와 하나님이 이르시되 사람이 혼자 사는 것이 좋지 아니하니 내가 그를 위하여 돕는 배필을 지으리라 하시니라" (창세기 2:15, 18)

남자에게 목적을 부여하신 것은 하나님이셨습니다. 그리고 남자를 돕는 배필이 필요한 존재로 창조하신 것도 바로 하나님이셨죠.

우리 인생에는 여러 가지 '소명'이 있습니다. 하지만 가장 첫 번째이자 절대적으로 필수적인 소명은 이것입니다.

하나님을 알고, 그 사랑을 진정으로 알며

온 마음 다해 그분을 사랑하는 것입니다.

당신이나 남편에게 이보다 더 중요한 소명은 없습니다. 다른 모든 '소명'은 아버지의 사랑을 알고 그 사랑 안에서 살게 되면 그 반응으로 자연스럽게 따라올 것입니다.

요한복음 15장은 우리가 그분 안에, 그분의 사랑 가운데 거하지 않는다면 우리 삶에 진정한 열매를 맺을 수 없을 거라고 경고하고 있습니다. 분주한 삶을 살겠지만 진짜 열매를 맺지는 못할 것입니다. 우리가 그의 사랑을 알고 그 안에 거하면, 우리의 삶은 하나님께서 이 땅에서 이루시고자 하는 모든 것을 이루는 쓰나미와 같아질 것입니다.

그리고 사랑하는 아내 여러분, 이 소명 가운데 남편을 도울 수 있는 당신은 누구보다도 특별한 위치에 있음을 기억하세요. 아내가 남편 곁에서 하나님의 사랑을 보여줄 수 있기 때문입니다. 당신은 남편의 마음 가까이 갈 수 있기에, 남편이 아버지 하나님을 더 깊이 알도록 가장 잘 도울 수 있는 사람입니다.

하나님께서는 당신과 남편이 하나가 되기를 원하십니다. 반면, 우리의 적은 당신과 남편이 등을 돌리고, 깨어지기를 원합니다. 하나님께서는 가정을 세우시는 분입니다. 부부는 나의 사랑이 아닌 십자가 사랑 안에서 하나가 되어야 합니다.

그렇기에 우리는 주님의 음성을 들어야 합니다. 그것은 정말 단순한 것입니다. 요한복음 10장에 '내 양은 내 음성을 듣는다'고 말씀하시며, 낯선 자의 말은 듣지 않을 것이라고 하십니다. 이는 낯선 자가 당신에게 말하고 있음을 의미합니다. 우리는 반드시 영적인 분별력을 가져야 합니다. 우리가 듣고 있는 음성이 하나님께로부터 온 것인지, 아니면 우리를 속이려는 것인지 분별하는 것이 중요합니다.

이것을 알고 있었나요? 당신의 머릿속에 떠오르

는 당신의 생각이라고 믿었던 것이 사실 우리의 적인 '낯선 자'의 교묘한 음성이며, 그의 단 하나의 목적은 당신의 결혼 생활을 '훔치고, 죽이고, 파괴하는' 것입니다.

🍃 저와 함께 소리 내어 기도해 주세요.

사랑하는 아버지, 아버지의 마음을 알기 원합니다. 아버지의 음성을 듣기 원합니다. 제가 적의 음성을 분별하고 악의 유혹에서 벗어나도록 도와주세요. 저와 남편에게 주신 가장 고귀한 소명이 하나님 아버지를 알고, 아버지의 사랑을 아는 것임을 깊이 깊이 깨닫게 해주세요. 그리고 그 사랑을 다른 이들에게 나누는 삶이 되길 소망합니다.

우리의 소망이신 예수님의 이름으로 기도드립니다. 아멘.

차분히 기도하면서 결혼 생활을 돌아보고, 하나님이 주시는 마음을 따라가 보세요. 소그룹 모임을 통해 서로의 경험을 나눌 때 모임에서의 대화뿐만 아니라 주님과의 관계도 더욱 깊어질 것입니다.

· · · · ·

1. 가장 마음에 와닿은 구절에 밑줄을 긋고 이유를 써보세요.

2. 에베소서 6:12을 통해 배우자가 아닌 '적'을 인식하는 것이 중요한 이유는 무엇인가요?

3. 남편과의 갈등 속에서 사탄의 거짓말을 어떻게 분별할 수 있을까요?

4. 결혼 생활에서 낯선 자(마귀)의 목소리를 어떻게 차단할 수 있을까요?

5. 남편과의 관계에서 하나님의 음성을 더 잘 듣기 위해 무엇을 실천할 수 있을까요?

5. 초대

솔직한 심정으로 이 책을 쓰는 게 좀 망설여졌습니다. '남편의 돕는 배필 되기'에 관한 책을 써달라는 요청을 받았을 때, 이미 너무 많은 일들에 지쳐 있는 여성들에게 이 책으로 인해 또 무거운 짐을 지우는 것은 하고 싶지가 않았습니다.

맞아요. 성경에는 많은 계명이 있습니다. 그리고 어떤 분들에게는 아내로서 마땅히 해야 할 일이 무엇인지 알려주는 책도 필요할 것입니다. 그러나 저는 많은 아내들이 압박감을 느끼며 살아가고 있다는 것을 잘 알고 있습니다. 우리의 삶은 이미 많은 책임과 의무 속에 놓여 있죠.

오랜 기간 사역을 통해 관찰한 결과, 이미 부담감을 느끼며 살아가고 있는 여성들에게 해내지 못한 것들을 상기시키고, 거기에 또 다른 것들을 덧붙이면 그들이 감당할 무게가 너무나 무겁다는 것을 절실히 알게 되었습니다. 저는 더 이상 그들에게 또 다른 의무를 부과하고 싶지 않았습니다.

예수님께서는 그를 따르는 자에게 '과제'를 주신 것이 아니라, 그분과 함께 걸어갈 수 있도록 필요한 은혜를 부어 주셨습니다. 그렇기에 저 역시 여성들에게 더 이상의 '규율'이나 '의무'를 지게 할 수가 없습니다. 예수님을 따른다는 것은 무거운 짐을 지는 것이 아니라, 그분과 함께하는 기쁨을 누리는 것입니다.

예수님께서는 우리에게 '초대장'을 주고 싶어 하십니다. 그분은 자신의 사역에 우리를 초대하십니다. 태초부터 말이죠. 바로 '주님과 함께 사랑하는 일'입니다. 하나님께서 우리를 부르시는 것은 짐을 지우기 위해서가 아니라, 은혜로 채우시기 위해서입니다.

우리는 이 일을 어떻게 할 수 있을까요?

> "우리가 사랑함은 그가 먼저 우리를 사랑하셨음이라" (요한일서 4:19)

예수님께서 남편을 사랑하라고 초대하신 것은, 먼저 아내인 우리가 그분의 사랑을 깊이 인식하며 살아가도록 초대하신 것에서 시작됩니다. 그분의 초대를 통해 우리는 그 사랑 안에 거하고, 그 사랑 안에서 쉬며, 그 사랑 안에서 치유를 맛보게 됩니다. 다른 방법으로는 결코 온전한 사랑을 할 수 없습니다. 우리의 사랑은 제한적이지만, 하나님께서 주시는 사랑은 무한합니다. 우리가 하나님의 사랑을 받아들일 때, 그분의 사랑을 통해 남편을 사랑할 힘을 얻게 됩니다.

> "내 안에 거하라 나도 너희 안에 거하리라 가지가 포도나무에 붙어 있지 아니하면 스스로 열매를 맺을 수 없음 같이 너희도 내 안에 있지 아니하면 그러하리라 나는 포도나무요 너희는 가지라 그가 내 안에, 내가 그 안에 거하면 사람이 열매를 많이 맺나니 나를 떠나서는 너희가 아무것도 할 수 없음이라"
>
> (요한복음 15:4~ 5)

예수님께서는 갈라디아서 5장 22절에서 성령의 열매 첫번째로 **사랑**을 꼽으셨습니다. 그것은 우리가 스스로 만들어내는 것이 아니라, 하나님과 함께할 때 자연스럽게 맺어지는 열매입니다.

> "아버지께서 나를 사랑하신 것 같이 나도 너희를

사랑하였으니 나의 사랑 안에 거하라" (요한복음 15:9)

　나는 상처 입은 많은 여성이 이렇게 말하는 것을 들었습니다. "난 이제 더 이상 남편을 사랑하지 않아요." 그녀들의 아픈 마음이 느껴집니다. 얼마나 많은 시간과 노력을 쏟아부었을까요? 얼마나 많은 눈물을 흘렸을까요?

　담대하세요. 요한일서 4장 19절에서 하나님은 온유함과 긍휼하심으로 우리에게 말씀하십니다. 그러니 먼저 그분의 사랑을 얼마나 많이 받고 있는지 알지 못하면, 우리가 다른 누군가를 사랑하는 것은 불가능한 것입니다. 우리의 사랑이 아니라, 하나님의 사랑이 우리 안에서 역사할 때 비로소 진정한 사랑을 할 수 있습니다.

　아버지께서 당신에게 이 한 마디를 속삭이십니다. "구하라."

"…하물며 너희 하늘 아버지께서 구하는 자에게 성령을 주시지 않겠느냐" (누가복음 11:13)

지금 구하십시오. 주저하지 말고, 아버지께 간구하세요.

> "아버지, 저는 성령님이 필요합니다. 당신의 사랑이 필요합니다. 저를 당신의 사랑으로 채워주세요. 남편을 당신의 사랑으로 채워주세요."

마침내 당신을 향한 그분의 사랑을 알게 될 때, 주님은 우리가 그 사랑을 온전히 소유하게 될 것이라고 격려하고 계십니다. 남편에 대한 당신의 사랑이 부족하다는 것을 발견할 때, 주님은 당신이 그것을 위해 고군분투하며 더 힘들게 노력하는 것을 원하지 않으십니다.

그분의 초대는 주님께 나아가라는 것입니다. 주

님의 사랑이 담긴 시선을 느끼고, 그분의 품 안에서 평안을 누리며, 그의 사랑을 아는 것입니다.

"수고하고 무거운 짐 진 자들아 다 내게로 오라 내가 너희를 쉬게 하리라 나는 마음이 온유하고 겸손하니 나의 멍에를 메고 내게 배우라 그리하면 너희 마음이 쉼을 얻으리니 이는 내 멍에는 쉽고 내 짐은 가벼움이라 하시니라" (마태복음 11:28~30)

그분의 부드러운 초대에 귀를 기울여보세요. 그 초대에 응답할 때, 진정한 안식을 경험하게 됩니다. 오라... 메고... 배우라... 쉼을 얻으리니...

아내 여러분, 만일 주님의 이 사랑을 알지 못한다면, 지금 잠시 그분을 바라보는 시간을 갖길 바랍니다. 당신의 사랑하는 아버지에게 부르짖으며 이렇게 기도하세요. "아버지, 당신의 사랑을 보여주세요."

> "아침에 나로 하여금 주의 인자한 말씀을 듣게 하소
> 서 내가 주를 의뢰함이니이다 내가 다닐 길을 알게
> 하소서 내가 내 영혼을 주께 드림이니이다"
>
> (시편 143:8)

진짜 사랑은 결코 우리 안에서 찾을 수 없다는 걸 우리는 압니다. 우리 스스로의 힘으로 적을 사랑하고, 우리를 힘들게 하며 박해하는 자들을 위해 기도할 수 있을까요? 예수님께서는 우리가 우리의 힘과 능력으로 그렇게 사랑하기를 바라실까요? 절대 그렇지 않습니다. 주님은 정반대로 말씀하십니다. 그의 사랑 안에 거하지 않는다면 그것은 불가능하다고 말씀하십니다.

> "내 안에 거하라 나도 너희 안에 거하리라 가지가
> 포도나무에 붙어 있지 아니하면 스스로 열매를 맺
> 을 수 없음 같이 너희도 내 안에 있지 아니하면 그

러하리라" (요한복음 15:4)

"아버지께서 나를 사랑하신 것 같이 나도 너희를
사랑하였으니 나의 사랑 안에 거하라" (요한복음 15:9)

주님은 우리가 그의 사랑 안에 살아가며 쉼을 얻
도록 초대하고 계십니다. 우리가 주님의 사랑 안에
거하고, 아버지 하나님의 사랑 안에 거하며 남편을
대할 때, 더 이상 남편과 별문제 없이 '잘 지내는 것'
에 만족하거나, 남편을 참고 견디거나, '이게 내가
할 수 있는 최선이야'라고 혼잣말을 하는 자신을 발
견하지 않을 수 있습니다.

그리고 여러분은 실제로 남편을 아름답게 사랑할
수 있으며, 남편의 가장 큰 필요를 성경이 알려주는
대로 아내로서 채워줄 수 있을 거라고 확신합니다.

여러분의 격려와 따뜻한 섬김으로 그들은 하나님
께서 의도하신 영웅이 되는데 필요한 사랑과 존경

을 느낄 것입니다.

그리고 우리가 주님의 사랑 안에 거할 때, 우리의 삶과 결혼도 변화됩니다. 하나님께서 공급하시는 사랑과 은혜가 우리를 채울 때, 우리는 온전한 삶을 살아갈 수 있습니다.

 저와 함께 소리 내어 기도해 주세요.

사랑하는 아버지, 간절한 하나의 기도 제목을 가지고 당신께 나아갑니다. 제 마음이 당신의 크신 사랑을 확신하도록 해주세요. 아버지의 사랑을 더욱 깊이 알게 하시고, 하나님 아버지와 남편을 향한 사랑으로 충만하게 되기를 원합니다.

제 마음이 흔들리지 않도록, 하나님의 사랑 안에서 온전히 거할 수 있도록 도와주세요. 저의 이 기도를 아버지께서 기뻐 받으시는 줄 믿습니다. 예수 그리스도의 이름으로 기도드립니다. 아멘.

차분히 기도하면서 결혼 생활을 돌아보고, 하나님이 주시는 마음을 따라가 보세요. 소그룹 모임을 통해 서로의 경험을 나눌 때 모임에서의 대화뿐만 아니라 주님과의 관계도 더욱 깊어질 것입니다.

· · · · ·

1. 가장 마음에 와닿은 구절에 밑줄을 긋고 이유를 써보세요.

2. 아내로서의 역할이 부담스럽게 느껴질 때가 있나요? 그렇다면 그 이유는 무엇인가요?

3. 그분의 "사랑 안에 거한다"는 마음이 드나요? 어떨 때 그런가요?

4. 남편을 사랑하는 것이 어렵게 느껴질 때, 하나님께 어떻게 도움을 구할 수 있을까요?

5. 지금까지 하나님께 받은 사랑을 기억하며 감사할 수 있는 순간 5가지를 써봅시다.

6. 하나님의 사랑 안에 거하며 남편을 사랑하는 새로운 실천을 하나 정해볼까요?

6. 존경하라

"... 아내도 자기 남편을 존경하라" (에베소서 5:33)

질문이 있습니다. 남자들은 아내에게 존경을 받는다고 느낄 때, 자신이 창조된 본래의 남자다운 모습으로 더 완전해지는 것 같은 만족감이 들까요?

그렇다면 현실은 어떨까요? 슬프게도, 오늘날 많은 남성들이 스스로 아내에게 실망스러운 존재라고 느끼고 있습니다. 남편들은 종종 아내의 기대를 충족시키지 못하고 있다는 생각에 빠져, 점점 자신감을 잃어가곤 합니다. 그러다 보니 아내와의 관계가 무기력해지고 멀어지는 경우도 많습니다.

저는 제 결혼 생활을 통해 말씀드릴 수 있습니다. 제 남편은 아내의 실망감이라는 그늘에서 수년을 살았습니다. 저는 남편이 하는 일에 대해 종종 불만을 품었고, 내 마음에 들지 않은 부분들을 지적했습니다. 항상 내 눈엔 좀 바뀌었으면 하는 부분이 보였습니다.

이런 일이 반복되다 보니 남편은 자신이 부족하다고 생각했습니다. 그렇기에 존경받고 있다고 느낄 수도 없었습니다. 남편들은 존경을 받고 있다는 확신이 없는 상태에서는 더 좋은 남편이 되려는 동기가 사라지기도 합니다.우리 남편들이 존경받는다고 느낄 때, 그들은 더 큰 자신감과 책임감을 가지고 가정을 위해 헌신하게 됩니다. 아내의 인정과 존경은 남편에게 강력한 동기 부여가 됩니다.

아내가 자신의 남편을 존경하는 것은, 남편의 말

과 행동이 존경을 받을만한 자격이 되는지 아내의 의견에 좌우되는 것이 아님을 알아야 합니다. 반대로, 남자는 자신이 받는 대우에 걸맞게 행동하게 되지 않을까요? 남편이 존경을 받을 때 더 나은 모습으로 변화될 가능성이 높습니다.

우리는 남편이 변하기를 기다리는 것이 아니라, 존경을 먼저 실천하는 것이 중요합니다. 남편이 존경받을 자격이 있다고 느끼게 하는 것이 아니라, 그를 있는 모습 그대로 존경하는 것입니다.

우리 각자 자신의 어린시절을 떠올려 봅시다. 만약 그 시절, 어느 누구도 우리를 제대로 배우거나 성공할 가망이 전혀 없다고 여겼다면, 기대를 걸만한 존재로 바라봐 주지 않았다면, 우리는 모두 실패자로 자랐을지 모릅니다.

하지만 위와 반대로, 누군가의 격려를 받으며 무엇을 하든지 간에 계속해서 지지와 응원을 보내주고 믿어준다면, 그 사람은 주께서 의도하신 원래 모습대로 되어갈 가능성에 가까워지는 것입니다. 남편을 존경하는 것은 그의 잠재력을 믿어주는 것입니다. 아내의 말과 행동이 남편을 성장시키는 도구가 될 수 있습니다.

남편에게 어떻게 말을 하느냐, 특히 자녀들이나 다른 사람들 앞에서 남편에게 말할 때, 우리는 남편의 마음에 엄청난 변화를 끌어낼 수 있습니다. 말의 힘은 우리 생각보다 훨씬 크다는 것을 알아야 합니다. 작은 칭찬과 감사의 말 한마디가 남편의 하루를 바꿀 수 있습니다. 남편을 향한 존경의 표현이 지속될 때, 부부 관계는 더욱 깊어질 것입니다.

"죽고 사는 것이 혀의 힘에 달렸나니 혀를 쓰기 좋아하는 자는 혀의 열매를 먹으리라" (잠언 18:21)

아내의 말은 남편이 자신을 어떻게 인식할지, 그리고 그가 아내와의 관계를 어떻게 인식할지에 영향을 미치는 잠재력을 가지고 있습니다.

남편이 아내에게서 자신의 마음을 숨겨야 할까요, 아니면 그 마음의 연약함까지도 드러낼 수 있어야 할까요? 남편이 자신의 감정을 편안하게 공유할 수 있도록 만드는 것은 결국 아내의 태도와 말에서 시작됩니다.

> "그런 자의 남편의 마음은 그를 믿나니 산업이 핍절하지 아니하겠으며 그런 자는 살아 있는 동안에 그의 남편에게 선을 행하고 악을 행하지 아니하느니라" (잠언 31:11~12)

다음은 남편에게 존경을 표현할 수 있는 몇 가지 간단한 방법입니다.

❖ 그가 출근할 때, "우리 가족을 위해 오늘도 열심히 일해줘서 고마워."라고 말하기.

❖ 집안일을 하거나 아이들을 돌봐 주려고 노력할 때 칭찬하기. (비록 당신이 하는 방식과 다를지라도!)

❖ 남편이 퇴근해 집에 들어올 때, 전화기는 내려놓고 하던 일도 잠시 멈추기. 남편이 현관문을 열고 들어올 때 반갑게 맞이하며 나의 이야기 보다, 그가 하루 동안 어떻게 지냈는지 물어보기.

❖ 남편이 잘못한 일 지적하지 말고 당신이나 아이들에게 친절하게 대한 것, 혹은 아주 조금이라도 힘이 된 것에 반드시 감사를 표현하기.

❖ 다른 사람들과 함께 있을 때, 특히 아이들 앞에서 기회를 찾아 남편에 대해 자랑스러움 표현하기.

❖ 그를 아이처럼 다루거나 명령조의 말을 쓰지 않기.

저는 아이들이 어릴 때부터 저에게 어떤 문제나 결정에 대해 어떻게 해야 하는지 물을 때면, "아빠에게 가서 물어보자, 아빠가 뭐라고 하시는지 보자."고 하며 아이들이 아빠의 권위를 알고, 또 모든 일을 아빠와 상의하도록 했습니다. 그때 남편이 가장의 역할을 인정해 주어서 고맙다고 말했던 기억이 납니다.

주님께서는 우리가 남편의 마음에 필요를 채우기 위해 주님의 사랑을 따르라고 초대하시며, 남편이 '그럴만한 자격을 갖출 때'까지 기다리는 것이 아니라 우리가 먼저 존경하는 방식으로 말하고 행동하라고 하십니다. (저는 주님께서 제가 사랑받을 자격이 있을 때까지 기다리지 않으셨다는 것에 감사드립니다.)

이 책의 시작에서 보았듯이, 우리는 하나님의 말씀을 아버지께서 주신 선한 선물과 지혜로 바라보아야 합니다. 자매 여러분, 하나님께서는 우리가 알지 못하는 것을 아시고 우리가 보지 못하는 것을 보십니다.

> "이는 내 생각이 너희의 생각과 다르며 내 길은 너희의 길과 다름이니라 여호와의 말씀이니라 이는 하늘이 땅보다 높음 같이 내 길은 너희의 길보다 높으며 내 생각은 너희의 생각보다 높음이니라"
>
> (이사야 55:8~9)

> "하나님을 사랑하는 것은 이것이니 우리가 그의 계명들을 지키는 것이라 그의 계명들은 무거운 것이 아니로다" (요한1서 5:3)

주님께서 우리에게 (분명히 명령하셨듯이) 남편을 향해 존경을 보이라고 하셨다면, 우리가 그분 안에 거하는 한, 존경이 무거운 짐이 되지 않을 것이라는 사실에 안도할 수 있습니다.

에베소서 5장 33절을 보면 남편이 아내를 사랑하고 돌보는 것이 얼마나 중요한지 알 수 있습니다. 아내의 고유한 필요는 자신이 사랑과 돌봄을 받는다는 확신을 갖는 것입니다. 그리고 동일한 성경 구절에서 주님은 남편의 고유한 필요도 우리에게 보여 주십니다. 그들의 마음은 '존경'이 필요합니다.

많은 남성이 마음속으로 던지는 두 가지 질문이 있습니다. '나는 가정에서 어떤 존재인가?', '나는 실패자인가?'

남편들이 이렇게 생각을 하고 있다면, 우리는 과연 그들의 이런 마음을 편안히 바라볼 수 있을까요? 남편들은 우리가 그들에게 고마워하고 있다는 것과, 잘 해내고 있다는 것, 또 남편을 믿고 있다는 것을 알아야 합니다. 여기에 생각해 볼 질문이 있습니다.

내 남편의 마음은 나와 함께할 때 편안할까?

성경은 우리가 남편을 사랑해야 한다고 분명히 말합니다. 예수님은 그의 완전하신 나라에서 두 번째 계명이 서로 사랑하는 것이라고 말씀하셨습니다.

에베소서 5장에서 주님이 아내들에게 남편을 존경하라고 말씀하신 것은, 남편의 마음에 있는 특별한 연약함에 대해 말씀하고 계시는 것은 아닐까요? 우리 남편들은 이 취약한 마음의 영역에서 끊임없이 공격받고 있습니다. 악한 영이 그들의 존경에 대한 필요를 알고 있기 때문에 이것을 약점으로 삼아 공격하는 것은 아닐까요?

저와 함께 소리 내어 기도해 주세요.

하늘에 계신 아버지, 제 입술의 말과 행동을 통하여 남편이 존경받고 있음을 느낄 수 있길 간절히 기도합니다. 저는 지금 하나님 아버지의 도움이 절실히 필요합니다. 그가 존경을 받을만한 때까지 기다리는 것이 아닌, 지금 남편을 존경하게 해주세요. 아버지의 눈으로 남편을 바라보며, 남편에게 힘이 되어줄 수 있도록 저를 도와주세요. 남편이 저와 함께 있을 때 몸도 마음도 편안함을 느끼기를 기도합니다. 사탄의 거짓말로부터 남편과 저의 마음과 생각을 지켜 주세요. 남편과 저를 향한 아버지 하나님의 크고 놀라우신 사랑을 신뢰하며, 이 시간 주님만 의지하고 따르기로 결단합니다. 제 마음을 올려드리며, 예수님의 이름으로 기도드립니다. 아멘.

차분히 기도하면서 결혼 생활을 돌아보고, 하나님이 주시는 마음을 따라가 보세요. 소그룹 모임을 통해 서로의 경험을 나눌 때 모임에서의 대화뿐만 아니라 주님과의 관계도 더욱 깊어질 것입니다.

• • • • •

1. 가장 마음에 와닿은 구절에 밑줄을 긋고 이유를 써보세요.

2. 아내가 남편을 존경하는 것이 남편의 행동 변화에 어떤 영향을 미칠까요? 경험을 중심으로 써보세요.

3. 남편을 존경하는 방법을 배운 적이 있나요? 존경하는 것이 어려운 이유는 무엇인가요?

4. 남편이 존경받고 있다는 느낌을 받을 수 있도록 오늘 실천할 수 있는 작은 행동은 무엇일까요?

5. 남편에게 할 수 있는 존경의 표현 방법을 3가지 이상 적어보세요.

7. 케이크를 만들어 주세요

저와 남편은 리처드 윔브란트 목사님과 사비나 윔브란트 사모님을 알게 된 것이 얼마나 감사하고 기쁜 일인지 모릅니다. 만일 이분들에 대해 들어보지 못했다면, 꼭 찾아보기를 진심으로 권합니다.

이 부부는 루마니아에서 지하교회를 운영했으며, 예수님을 따르는 삶을 살다가, 14년이 넘도록 공산주의 감옥에서 갖은 고문을 당했습니다. 그들은 자신의 믿음을 굳게 지켰으며, 예수님의 사랑을 끝까지 전했습니다. 이러한 삶과 사역은 우리에게 강력한 도전을 줍니다. 그들이 고난 속에서도 예수님을 끝까지 신뢰했던 모습은 우리의 신앙과 가정생활에도 깊은 깨달음이 됩니다.

1964년 마침내 석방된 후, 그들은 미국에서 '순교자의 소리(Voice of the Martyrs)'라는 사역을 시작했습니다. 이 사역은 지금 이 시간에도 세계 도처에서 예수님을 사랑하며 따른다는 이유로 박해를 받는 형제자매들의 고난을 알려서, 함께 기도하며, 후원하고, 무엇보다도 그들에게서 배우는 것입니다.

순교자의 소리 무료 월간 간행물을 받으려면 다음 링크를 통해 요청할 수 있습니다.

www.persecution.com/free-magzine

https://vomkorea.com/('순교자의 소리' 한국 사이트)

남편과 저는 이 사역이 성경 다음으로 우리의 삶을 변화시키는데 가장 큰 영향을 미쳤다고 믿습니다. 우리가 이 땅에서 신앙을 자유롭게 지킬 수 있음에 감사하며, 고난 가운데서도 신앙을 포기하지 않는 형제자매들을 위해 기도하는 것이 우리의 책임이라는 것을 절실히 깨닫게 되었습니다.

몇 년 전, 웜브란트 목사님과 함께 오후 시간을 보내고 있을 때, 목사님께서 매우 어렵고 힘든 결혼 생활 가운데 놓인 한 젊은 여성의 이야기를 해 주셨습니다. 그녀의 남편은 여러 해 동안 아내를 비판적이고 인정이라고는 찾아볼 수 없게 대해서 그녀는 남편을 용서할 수 없다고 말했다고 합니다.

저는 처음에는 목사님의 대답에 놀랐습니다. 목사님은 그녀를 부드럽게 바라보며 이렇게 말했다고 회상하셨습니다.

"물론, 저는 남편을 용서하라고 말씀드리고 싶지만, 그렇게 말하면 저는 당신의 고통에 대해서는 전혀 공감을 못한 불친절한 사람이 되고, 당신은 마음이 더 어려울 거예요. 당신은 결혼 생활에서 많은 고통을 겪었고, 남편을 용서하는 것은 마치 그 많은 잘못들을 그냥 없었던 일로 만드는 것 같은 느낌일 거예요. 그런데, 한 가지만 물어볼게요. '케이크 만들 줄 아세요?'"

여인은 자신 있게 대답했다고 합니다. "물론이죠!" 그녀의 대답에 목사님은 "그렇다면 오늘 남편을 위해 케이크를 만들어 주세요."라고 말하고, 이어서 다음 질문을 했다고 합니다.

"남편의 양말을 잘 접어서 서랍에 깔끔하게 넣는 방법을 알고 있죠?"

"네, 그럼요. 몇 년이나 그렇게 해 온 걸요." 그 여인은 또 대답했죠. "그러면 오늘 남편의 옷을 빨래할 때, 예수님께서 남편의 마음을 만지시고 그를 축복하시며 그를 향한 하나님의 사랑을 보이시기를 기도할 수 있을까요?"

목사님은 계속해서 아내가 남편을 축복할 수 있는 작은 행동들을 말씀해 주셨다고 합니다. 아내의 작은 행동과 기도를 통해 하나님의 사랑을 보여줄 수 있는 간단한 방법들이었습니다.

예를 들자면, 남편에게 단순히 이렇게 물어보는 것도 포함이 됩니다.

"오늘 내가 뭐 도와줄 게 있을까, 여보?" 이러한 작은 행동들은 단순한 친절 이상의 의미를 갖습니다. 그것은 상대방을 향한 하나님의 사랑을 드러내는 통로가 됩니다.

로마서 2장 4절에서 주님은 우리가 회개로 나아가는 것은 하나님의 인자하심으로 인한 것이라고 말씀하십니다. 우리의 마음과 인생의 진정한 변화를 이끌어 내는 것은 바로 하나님의 인자하심입니다. 그리고 '감정'이 없을지라도, 주님은 우리가 옷을 입듯이 친절한 행동을 '입으라'고 격려하십니다.

"그러므로 너희는 하나님이 택하사 거룩하고 사랑받는 자처럼 긍휼과 자비와 겸손과 온유와 오래 참음을 옷 입고 누가 누구에게 불만이 있거든 서로 용

납하여 피차 용서하되 주께서 너희를 용서하신 것
같이 너희도 그리하고 이 모든 것 위에 사랑을 더하
라(덧 입으라) 이는 온전하게 매는 띠니라"

(골로새서 3:12-14)

부부가 서로에게 따뜻함을 전할 수 있는 구체적인 방법 중 하나로 함께 기도하는 시간을 정해서 기도하는 것을 들 수 있습니다. 매일 하루에 5분이라도 남편과 손을 맞잡고 기도하게 되면, 손길을 통해 기도의 말을 통해 따뜻함이 전해지고 감사하게 되어 부부 관계를 더욱 단단하게 만들어 줍니다. 또한, 부부가 함께 말씀을 읽고 깨달은 것이나 궁금한 것 등에 대해 대화를 하는 것도 서로의 생각을 알게 되어, 기도와 말씀이 더 깊어지는 아주 훌륭한 영적 습관이 됩니다.

저는 이 책을 읽고 있는 여러분들의 이야기를 잘 모릅니다. 하지만 여러분 각자가 정말 다양한 결혼 생활을 대변한다는 것은 잘 알고 있습니다. 어떤 분들은 남편과의 관계에서 사랑받으며, 만족스럽게 지내고 있겠지요. 어떤 분들은 "이게 내가 가질 수 있는 최선이다"라는 체념 속에서 살고 있을지도 모릅니다. 또 어떤 분들은 가슴에 큰 고통과 상처를 가지고 있을 수도 있습니다.

저는 여러분을 위해 지금 바로 간절히 기도드립니다. 아름다우신 예수님의 사랑에 여러분을 맡깁니다. 주님께서 당신에게 지혜를 주시고, 당신의 마음을 만지시고, 고치시고, 힘주시기를 구합니다.

저는 먼저 당신이 주님의 사랑을 깊이 알게 되기를 기도합니다. 그리고 남편을 사랑하시는 주님의 마음에 당신도 함께 동참하기를 바랍니다. 또 "남편을 위해 케이크를 만들어 주세요."라는 이 말이 예수님의 음성으로 들리게 되길 기도합니다.

🌿 저와 함께 소리 내어 기도해 주세요.

하늘에 계신 아버지, 이 시간 기적의 하나님을 의지하여 제 마음에 기적을 일으켜 주시기를 구합니다. 또 제가 친절하기 어려운 때에도 '친절함'을 입을 수 있기를 간절히 원합니다. 제가 사랑이 부족할 때에도 주님의 사랑을 의지하여 행동할 수 있도록 도와주세요.

제가 아버지를 따를 때, 저의 작은 한 걸음 한 걸음도 아버지께서 사용하실 줄 믿습니다. 제 마음을 붙들어 주셔서 감사합니다.

예수님의 이름으로 기도드립니다. 아멘.

차분히 기도하면서 결혼 생활을 돌아보고, 하나님이 주시는 마음을 따라가 보세요. 소그룹 모임을 통해 서로의 경험을 나눌 때 모임에서의 대화뿐만 아니라 주님과의 관계도 더욱 깊어질 것입니다.

· · · · · ·

1. 가장 마음에 와닿은 구절에 밑줄을 긋고 이유를 써보세요.

2. 윔브란트 목사님의 케이크 이야기를 읽고 무엇을 느꼈나요?

3. 남편을 향한 행동이 감정이 아닌 '결단'이 되어야 하는 이유는 무엇일까요?

4. 남편을 축복하는 작은 행동을 할 때 하나님이 일하신다는 것을 경험한 적이 있나요? 없다면 어떤 기대감이 드나요?

5. 오늘부터 '남편을 위해 케이크를 만드는 마음'으로 실천할 수 있는 한 가지를 정해보세요.

8. 돕는 걸까 괴롭히는 걸까?

앞서 언급한 바와 같이, 많은 여성들이 '돕는 배필'에 대해 남편의 행동을 성경의 가르침에 맞게 바로잡고, 그들이 하나님 앞에서 책임을 지도록 하는 것이라고 확신하고 있습니다. 여러분은 어떻게 생각하나요?

먼저, 우리는 어느 누구도 하나님께서 의도하신 대로 완벽하지 못하다는 것을 기억해야 합니다. 우리는 모두 연약하며, 실수를 합니다. 그러나 하나님께서는 우리의 약함과 부족함 속에서 일하시며, 우리를 변화시키고 성장시키길 원하십니다. 우리는 종종 하나님을 진정으로 알지 못하고, 또 그분의 사랑 안에 거하지 않기 때문에 어려움을 겪습니다. (요한복음 15:9)

> "서로 친절하게 하며 불쌍히 여기며 서로 용서하기를 하나님이 그리스도 안에서 너희를 용서하심과 같이 하라" (에베소서 4:32)

> "나는 너희에게 이르노니 너희 원수를 사랑하며 너희를 박해하는 자를 위하여 기도하라" (마태복음 5:44)

예수님은 우리에게 친절하고, 온유하며, 용서하기를 잘하고, 원수를 사랑하고 그들을 위해 기도하라고 하셨습니다. 하지만 현실에서 우리는 때때로 남편을 변화시키려 하고, 그들의 부족한 점을 지적하는 데 초점을 맞추기도 합니다.

그러나 주님께서는 우리에게 남편을 바꾸려는 것이 아닌, 사랑과 인내로 그들을 품으라고 말씀하십니다. 이것은 분명히 하나님께서 우리에게 원하시는 삶이지만 우리는 종종 그렇게 살지 못합니다. 그러면 우리는 포기하고 절망해야 할까요?

　그렇지 않기를 바랍니다. 우리가 받고 싶은 만큼 남편에게도 자비와 인내를 베풀어야 합니다. 우리는 남편을 비판하기보다, 그들이 주님의 뜻 안에서 변화되도록 기도로 도울 수 있습니다. 우리의 말 한마디보다 기도의 힘이 훨씬 크다는 것을 기억해야 합니다. 남편이 하나님께서 의도하신 대로 살아내지 못할 때, 우리는 상한 마음을 가지고 주님께 나아가 남편을 위해 기도해야 합니다. 그들이 주님의 사랑을 다시 만나고 그 사랑 안으로 돌아오기를 기도해야 하는 것입니다.

　(이 말은 남편의 폭력에 노출된 아내들에게 계속 그런 삶을 살아야 한다는 의미로 하는 말이 결코 아

닙니다. 하나님께서는 우리가 평안과 안전 속에서 살아가길 원하십니다. 가족의 안전을 위해 분리가 필요하다면 반드시 그렇게 해야 합니다. 그리고 우리의 중보자이신 예수님과 함께 남편을 위한 기도도 멈추지 말고 계속해야 합니다. 분노나 원망의 마음이 든다면 이 또한 기도하세요. 아내이자 엄마가 그런 마음을 품는다면 자신은 물론 가족들에게도 파괴적인 영향을 미칠 것입니다.)

"너희는 하나님의 은혜에 이르지 못하는 자가 없도록 하고 또 쓴 뿌리가 나서 괴롭게 하여 많은 사람이 이로 말미암아 더럽게 되지 않게 하며"

(히브리서 12:15)

성경 속에서 돕는 배필의 의미를 보여주는 또 다른 부부가 있습니다. 이삭과 리브가의 관계입니다. 리브가는 남편을 사랑했지만, 때때로 자신의 뜻대로 남편을 이끌려고 했습니다. 에서와 야곱의 축복 사건에서 보듯이, 리브가는 하나님의 계획보다 자신의 방법을 우선시하며 남편을 속이려 했고, 이는 가족 간의 큰 갈등을 초래했습니다. 우리는 남편을 돕되, 인간적인 방법이 아닌 하나님의 뜻 안에서 돕는 것이 중요합니다.

때로 우리는 사랑하는 사람을 위해 무엇인가를 해야 한다는 강한 충동을 느낍니다. 하지만 우리의 방식이 반드시 하나님의 방식과 일치하는 것은 아닙니다. 리브가는 남편과 가정을 위하는 마음에서 행동했지만, 그 행동이 결국 남편과의 신뢰를 깨뜨리고 아들의 삶을 어그러뜨렸습니다. 우리도 남편을 돕는다는 명목으로 조급하게 행동할 때가 있습니다. 하지만 우리의 역할은 하나님의 뜻을 신뢰하며 기다리는 것입니다.

남편이 하나님과 멀어질 때, 우리는 무엇을 할 수 있을까요? 때로는 말을 건네는 것조차 어려울 때가 있습니다. 남편의 신앙이 흔들릴 때, 우리가 할 수 있는 최선은 침묵 속에서 기도하는 것입니다. 하나님께서 남편의 마음을 만지시도록 맡기는 것입니다. 하나님의 시간과 방법을 신뢰하는 것이야말로 돕는 배필로서 우리가 감당해야 할 신앙의 연습입니다.

남편을 돕는다는 것은 단순한 조언을 넘어서, 기도와 믿음으로 인내하는 것입니다. 하나님께서 남편의 삶에서 일하실 것을 믿고 기다리는 것은 결코 쉬운 일이 아닙니다. 때로는 우리의 노력에도 변화의 기미조차 보이지 않는 것처럼 느껴질 수 있습니다. 그러나 우리가 보지 못하는 사이에도 하나님께서는 남편의 마음속에서 역사하고 계십니다.

때로는 말 한마디보다 따뜻한 미소가, 조언보다 조용한 손길이 더 큰 힘을 발휘할 때가 있습니다. 남편이 지쳐 있을 때, 그의 곁에 앉아 조용히 손을 잡아주는 것만으로도 충분할 수 있습니다. 사랑은 침

묵으로도 전달될 수 있습니다. 때로는 말이 아닌 행동이, 기도 속에서 흘러나오는 평안이 남편의 마음을 움직일 수 있습니다.

앞서 언급한 것처럼 남자는 그의 소명을 혼자서 감당할 수 없습니다. 그래서 하나님께서는 여자를 만드시고, 그를 도와 소명을 감당하도록 하셨습니다. 이 말은 하나님이 불완전한 것을 만드셨다는 뜻일까요? 절대 그렇지 않습니다.

하나님은 남자를 그분이 원하신 대로 정확히 만드셨습니다. 실수하시고, "아니, 내가 뭘 한 거지? 이제 여자를 만들어서 이 남자를 고쳐야겠다"라고 하신 것이 아닙니다.

하나님께서는 남자를 창조하셨습니다. 하나님께서는 당신의 남편을 창조하셨습니다. 하나님께서는 목적을 가지고 그를 창조하셨으며, 그에게 당신이 필요하도록 창조하셨습니다. 다음 빈칸에 남편의 이름을 적고, 문장을 크게 읽어보세요.

하나님은 _____ 을/를 아내인 내가 필요하도록 창조하셨습니다.

당신 남편은 당신을 필요로 합니다. 당신 남편을 향해 하나님께서 어떤 목적을 가지고 계시든, 그분은 당신이 남편을 돕도록 창조하셨습니다.

"여호와 하나님이 그 사람을 이끌어 에덴동산에 두어 그것을 경작하며 지키게 하시고 여호와 하나님이 이르시되 사람이 혼자 사는 것이 좋지 아니하니 내가 그를 위하여 돕는 배필을 지으리라 하시니라"

(창세기 2:15, 18)

당신이 창조된 여러 가지 이유 중 중요한 하나가 바로 당신의 귀한 남편을 위해서 입니다. 이 짧은 책을 읽으며, 이것이 무엇을 의미하는지 하나님께서 당신에게 보여주시기를 축복하며 기도합니다.

많은 여성이 이렇게 말하는 것을 들었습니다. "남편에게 도움이 필요하다는 것을 저도 알아요. 저는 그를 도와주려고 노력하는데, 그 사람은 도무지 받아들이질 않아요. 나는 그의 돕는 배필이 되려고 하지만, 남편은 예전 그대로인데 무슨 소용이 있겠어요." 누군가를 도와주려고 할 때 고려해야 할 점이 있습니다. 누구든지 자기를 도와주면 좋아한다는 거예요.

우리는 도움을 받는 것을 좋아합니다. 남편들도 마찬가지고, 그들은 도움이 필요하죠. 좋은 소식은 우리는 그들을 돕기 위해 창조되었다는 것입니다. 하지만 안타깝게도 그들을 어떻게 도와야 할지 잘 모르거나, 남편을 열심히 돕는다고 돕는데, 남편이 협조를 하지 않는 것처럼 보입니다.

남편의 문제가 무엇인지, 그리고 그 해결책이 무엇인지 우리가 결정하는 것이 과연 가능할까요? '4장, 낯선 자와 말하지 마세요'을 다시 한번 읽어보세요. 그리고 당신과 남편의 가장 고귀한 목적—창조 목적—이 무엇인지 기억하세요. 그것은 하나님을 알고 마음을 다해 하나님을 사랑하는 것입니다.

당신의 남편은 아마 한 평생 다음과 같은 말을 계속 들었을 거예요. '남자는 강해야 한다.' '사나이는 울지 않는다.' '성공해라.' '돈을 많이 벌어라.' '감정을 드러내지 마라.' '실수는 숨겨라.' 이러한 메시지들과 그 외 많은 부정적이고 파괴적인 말들로 인해 자신이 실패자라고 느끼기 쉽습니다.

> "그런 자의 남편의 마음은 그를 믿나니 산업이 핍절하지 아니하겠으며 그런 자는 살아 있는 동안에 그의 남편에게 선을 행하고 악을 행하지 아니하느니라" (잠언 31: 11~12)

아내 여러분, 남편이 우리의 말과 행동으로 인해 더욱 힘이 생기고, 하나님 앞에서 바른 길로 나아가도록 도울 수 있습니다. 존경과 사랑으로 다가갈 때, 남편도 자신이 아내에게 신뢰받고 있음을 느끼며 변화되기 시작할 것입니다. 아내와 함께할 때 남편의 마음이 편안함을 느낄 수 있는 그런 장소와 같아야 한다는 높은 부르심을 깨닫길 바랍니다. 그래서 남편들이 편안함 가운데 하나님께서 그들의 삶 가운데 계획하신 것들을 하나하나 이루어가게 되길 소망합니다.

🌿 저와 함께 소리 내어 기도해 주세요.

하늘에 계신 아버지, 오직 아버지만이 남편의 마음을 알고 그의 마음 깊은 곳의 필요를 또한 아십니다. 제가 진실한 마음으로 남편을 도울 수 있길 간절히 기도합니다. 제 말과 행동이 남편을 지적하는 것이 아니라, 그를 격려하고 일으켜 세우는 도구가 되게 해주세요. 제가 먼저 사랑하고, 먼저 존경하며,

먼저 인내할 수 있도록 도와주세요. 저를 지으신 모습대로, 남편을 돕는 자로 저를 사용해 주시길 간구합니다. 전심으로 이 시간, 주님의 음성에 귀를 기울입니다. 아버지, 사랑합니다. 예수님의 이름으로 기도드립니다. 아멘.

차분히 기도하면서 결혼 생활을 돌아보고, 하나님이 주시는 마음을 따라가 보세요. 소그룹 모임을 통해 서로의 경험을 나눌 때 모임에서의 대화뿐만 아니라 주님과의 관계도 더욱 깊어질 것입니다.

• • • • •

1. 가장 마음에 와닿은 구절에 밑줄을 긋고 이유를 써보세요.

2. 남편을 돕는 것이 아니라 괴롭게 하는 경우는 어떤 것일까요?

3. 아내의 역할에 대한 잘못된 생각이 있었다면 무엇인가요? 그런 잘못된 생각으로 실수를 한 경험은 어떤 것이 있나요?

4. 남편을 도울 때 내가 원하는 방식이 아니라, 하나님의 방법으로 돕기 위해 필요한 것은 무엇인가요?

5. 내 주변 사람들 중에서 '돕는 배필'하면 떠오르는 사람이 있나요? 어떤 면에서 그런지 나누어 주세요.

9. 바쁨 신호

엄마들은 아이들을 양육하고 돌보는데 헌신적입니다. 온종일 자녀를 위해 몸과 마음과 시간과 에너지를 쏟아붓고 나면, 퇴근해 집에 온 남편에게는 아내로서 감정적으로 줄 것이 없는 날이 많습니다. 우리의 역할이 너무 많고, 하루가 빠르게 지나갑니다. 남편은 아내와 연결고리를 찾으려 하지만, 아내는 '바쁨 신호'를 보냅니다. 하지만 남편과의 관계가 우선순위에서 밀려날 때, 가정의 균형도 흐트러질 수 있습니다.

자녀와의 유대와 가족의 일상적인 일 하나하나에 관심을 기울여야 하기 때문에 남편을 살피는 것에 대한 우리의 소명은 종종 뒷전이 되거나 아예 간과되기도 합니다. 그러나 남편 역시 사랑과 관심을 필요로 한다는 것을 잊지 말아야 합니다. 우리에게 남편이 필요하듯이, 남편도 우리를 필요로 합니다. 그러나 힘내세요. 당신의 남편은 '완벽한 아내'가 필요한 게 아닙니다. 그냥 당신이 필요합니다. 그저 따뜻한 미소로 맞아주고, 그의 이야기에 귀 기울여 주는 아내입니다. 하루의 끝에 함께 쉴 수 있는 편안한 보금자리를 만들어 주는 것입니다.

"그런 자의 남편의 마음은 그를 믿나니 산업이 핍절하지 아니하겠으며" (잠언 31:11)

예수님께서는 당신을 통해 남편의 마음을 만지기를 원하십니다. 남편의 마음과 연결되는 것은 생각보다 더 쉬울 수 있습니다. 제 남편은 수년간 많은 부부를 상담해 왔습니다. 그는 다음 두 가지 질문을 아내와 남편들에게 자주 합니다. "남편이 당신에게 사랑을 표현하는 방법 중 가장 좋은 건 무엇인가요?" (그는 이 질문에 대한 여성들의 답변을 반영한 책『여자는 미치지 않았다 It Turns Out Women Aren't Crazy』를 썼습니다.(홈앤에듀 출판))

남편들에게도 비슷한 질문을 합니다. "아내가 당신에게 사랑을 표현하는 방법 중 가장 좋은 건 무엇인가요?"

답변을 들어보면 놀랍게도 신체접촉(스킨십)이 상위에 있지 않았습니다. 다음이 가장 많이 나오는 답변입니다. "나는 아내의 비판이 아니라 존경이 필요합니다. 아내가 저의 실수나 과거의 잘못을 상기시켜 주지 않기를 바랍니다. 저에게 아내의 말은 다른 누구의 말보다 더 강력합니다."

남편들은 아내로부터 존경받는다는 느낌이 들 때

가장 큰 동기 부여를 받습니다. 우리의 말과 태도가 남편의 자존감과 자신감에 직접적인 영향을 미칩니다. 아내의 말 한마디가 남편의 마음에 깊이 들어가는 것입니다. 그의 마음을 다독이는 따뜻한 격려, 작은 칭찬 한마디가 그에게 큰 힘이 됩니다. "당신 참 멋져요.", "당신 덕분에 우리 가정이 든든해요." 이런 말들이 아내와 남편을 더욱 가깝게 만듭니다.

두 번째로 많이 나오는 답은 이렇습니다.

"직장에서 집으로 돌아왔을 때, 아내가 휴식이나 식사, 아니면 하루가 어땠는지 물어봐 주는 것 같이 저의 필요를 알아봐 주면 정말 좋겠습니다." 온종일 일을 하고 나면 남편은 휴식이나 회복할 만한 무언가가 필요합니다. 우리가 하루 동안 쌓인 이야기들을 남편에게 쏟아내기 전에, 그의 상태를 먼저 살피는 지혜가 필요합니다.

그러나 안타깝게도 아내는 남편이 집에 돌아오기를 기다리며 하루 동안 쌓인 스트레스를 그에게 털

어놓고 싶어 합니다. 그날 있었던 수많은 일들과 그로 인한 모든 부담에서 벗어나고 싶은 마음은 이해가 되지만, 그러다 보면 한꺼번에 너무 많은 말들을 쏟아내게 될 수밖에 없습니다. 남편이 집에 돌아오는 순간, 먼저 따뜻한 미소로 "여보, 수고했어요." 하며 맞이하세요. 하루를 어떻게 보냈는지 가볍게 물어보며 그의 마음을 열어보세요.

부부가 함께 대화하며 마음을 나누는 것은 정말 중요합니다. 하지만 모든 것은 타이밍이 중요하기 때문에 우리는 하나님께 반드시 지혜를 구해야 합니다. 하나님께서 주시는 지혜를 통해 적절한 순간을 찾아 남편과 깊이 있는 대화를 나눌 수 있도록 인도받기를 바랍니다. 부부가 함께 쉬면서 서로의 이야기를 차분히 들을 수 있도록 말입니다. 언제나 기억하세요. 그동안 '바쁨'에 쫓겨 마음만 있을 뿐 남편에게 하지 못했던 따뜻한 인사나 질문 한 마디, 또는 등을 쓸어주는 그런 작은 행동들이 부부 관계를 친밀하게 만든다는 걸 말이에요. 남편을 위한 작고 사소한 행동들이 그의 마음을 녹이고, 부부 사이의 애정을 더욱 깊어지게 해줄 것입니다.

🌿 저와 함께 소리 내어 기도해 주세요.

하늘에 계신 아버지, 남편에게 '바쁨 신호'를 보내는 것이 아닌 남편의 마음을 이해하고 따뜻하게 맞아줄 수 있도록 저를 도와주세요. 제가 남편과 더욱 깊이 연결될 수 있도록 지혜를 주시고, 그의 필요를 세심하게 헤아릴 수 있게 해주세요. 제가 남편의 '편안한 안식처'가 되기를 원합니다. 아버지께서 남편의 마음을 가장 잘 아시니, 저에게 가르쳐주세요. 제가 아버지의 음성을 듣겠습니다. 예수님의 이름으로 기도드립니다. 아멘.

차분히 기도하면서 결혼 생활을 돌아보고, 하나님이 주시는 마음을 따라가 보세요. 소그룹 모임을 통해 서로의 경험을 나눌 때 모임에서의 대화뿐만 아니라 주님과의 관계도 더욱 깊어질 것입니다.

• • • • •

1. 가장 마음에 와닿은 구절에 밑줄을 긋고 이유를 써보세요.

2. 남편이 아내에게서 '바쁨 신호'를 받는 순간은 언제일까요? 당신은 스스로 남편에게 얼마나, 어떻게 '바쁨 신호'를 보낸다고 생각하나요? 그럴때 남편의 반응은 어떤가요?

3. 남편이 직장에서 돌아왔을 때 실제로 어떤 말과 행동으로 그를 맞이하나요?

4. 지금까지 남편이 나에게서 존경과 사랑을 느꼈다는 생각이 드나요? 아니라면 앞으로 어떻게 실천하면 좋을까요?

5. 내 일상 속에서 남편과의 관계를 우선순위에 두기 위해 바꿔야 할 부분은 무엇인가요?

10. 하나님의 아름다운 계획

하나님의 창조물에 담긴 그분의 놀라운 설계를 들여다보면 하나하나에 담긴 깊은 의미와 조화로움에 감탄하게 됩니다. 그분의 손길이 닿은 곳에는 언제나 질서와 사랑이 스며 있습니다. 그렇기에 우리가 살아가는 모든 순간은 하나님의 완벽한 계획 안에 있으며, 그분의 뜻은 항상 선하고 아름답습니다.

하나님의 많은 계획 중 하나는 하나님께서 우리 가정 안에서 남편에게 리더십이라는 책임을 맡기셨다는 점입니다. 이 리더십이 아내가 열등하다는 것을 의미하는 것은 절대 아닙니다. 오히려, 하나님께서는 아내와 남편이 서로 조화를 이루며 하나님의 뜻을 이뤄가도록 디자인하셨습니다. 때로는 우리가 이해하지 못할지라도, 하나님께서는 모든 것에 계획이 있으시며, 하나님의 계획은 언제나 선하고 완전합니다.

예수님의 생애를 통해 볼 때, 우리는 누군가의 권위 아래 있다는 것이 결코 열등함을 의미하지 않는다는 것을 알 수 있습니다. 예수님께서는 마리아와 요셉의 권위 아래에 있었지만, 그분은 마리아와 요셉보다 열등하지 않았습니다. 오히려, 순종을 통해 하나님의 뜻을 더욱 완전하게 이루셨습니다.

모든 사건들이 하나님의 아름다운 계획 안에서 일어났습니다. 우리가 그 계획을 다 이해할 수 없을지라도, 하나님은 모든 순간을 통해 우리를 더 깊이 사랑하고 계십니다. 예수님께서는 본질적으로 하늘에 계신 아버지와 동등하셨지만, 아버지의 권위 아래에 있었습니다. 예수님은 아버지를 신뢰했고 그분의 뜻을 따라 살아감으로써 우리에게 본이 되셨습니다. 순종은 단순한 복종이 아니라, 하나님의 뜻 안에서 자유와 기쁨을 누리는 삶입니다.

예수님의 생애는 하나님의 계획 때문에 제약된 삶이 아니었습니다. 오히려, 그것은 하나님의 완전한 계획을 이루는 가장 온전한 삶이었습니다. (사탄이 하와에게 접근해, 하나님의 계획을 따르는 것이 '할 수 있는 것들을 제한한다'는 거짓말로 유혹했던 것을 기억하세요. 우리 역시 때때로 그런 유혹에 흔들릴 수 있습니다. 그러나 하나님의 길은 결코 우리를 제한하는 것이 아니라, 우리를 더 큰 자유와 평안으로 인도하는 길입니다.)

저는 종종 하나님께서 이렇게 제 마음을 위로하시는 음성을 듣곤 합니다. "내 사랑하는 딸아, 네가 온전히 이해하지 못하는 것들을 나는 모두 알고 있단다. 그러니 그냥 내게 와서 네 마음을 쏟아 놓고 네 명철을 의지하지 말거라. 내가 너의 길을 인도하고 있단다." 그분은 이사야와 잠언의 말씀을 제게 상기시켜 주십니다.

> "이는 내 생각이 너희의 생각과 다르며 내 길은 너희의 길과 다름이니라 여호와의 말씀이니라 이는 하늘이 땅보다 높음 같이 내 길은 너희의 길보다 높으며 내 생각은 너희의 생각보다 높음이니라"
>
> (이사야 55:8~9)

> "어떤 길은 사람이 보기에 바르나 필경은 사망의 길이니라" (잠언 16:25)

우리는 리더십을 인정하는 것이 자신이 존재적으로나 능력 면에서 더 작은 자를 의미하는 것이 아님을 알고 있습니다. 때로는 남편보다 당신의 방식이 더 효율적으로 보일 수 있습니다. 실제로 충분히 그릴 수도 있습니다.

하지만 주님의 왕국과 그분의 완벽한 계획 안에서 '효율성'에 대한 우리의 생각이 우선순위에 들어가는 경우는 드뭅니다. 이 점을 눈치채셨나요? 하나님 나라에서는 사랑하는 것이 우선이며, 그것이 가장 효율적이고 강력한 능력인 것입니다. 사랑 안에서 하나님의 계획 속에 맡겨진 역할을 온전히 감당할 때, 부부는 더욱 강한 연합을 이루게 됩니다.

저와 함께 소리 내어 기도해 주세요.

사랑하는 하나님 아버지,

아버지를 사랑합니다. 그리고 남편과 저를 향한 아버지의 사랑을 의지합니다. 남편의 리더십을 존중하고, 그가 주님 안에서 성장할 수 있도록 그를 격려하고 기도하는 아내가 되기를 원합니다. 남편을 향한 아버지의 계획하심 대로 남편이 우리 가정

의 제사장의 길을 걸어가도록 도와주시길 기도합
니다. 그리고 우리 부부를 향한 하나님의 뜻을 위해
합력할 수 있길 간절히 소망합니다. 이것이 아버지
께서 원하시고 기뻐하시는 일임을 믿습니다. 반드
시 기도에 응답하실 하나님을 신뢰합니다. 예수님
의 이름으로 기도드립니다. 아멘.

차분히 기도하면서 결혼 생활을 돌아보고, 하나님이 주시는 마음을 따라가 보세요. 소그룹 모임을 통해 서로의 경험을 나눌 때 모임에서의 대화뿐만 아니라 주님과의 관계도 더욱 깊어질 것입니다.

· · · · ·

1. 가장 마음에 와닿은 구절에 밑줄을 긋고 이유를 써보세요.

2. 예수님께서 아버지의 권위 아래에 계셨던 것을 생각할 때, 순종에 대한 새로운 깨달음이 있나요?

3. 하나님의 계획은 언제나 아름답다는 것을 믿기 어려운 순간이 있었다면 어떤 순간이었나요?

4. 하나님께서 남편에게 리더십을 주셨다는 것을 인정할 때 결혼 생활에 어떤 변화가 있을까요?

5. 그때는 이해할 수 없었지만, 지나고 보니 하나님의 계획하심이 있었다고 인정되는 사건이 있었나요?

11. 지도자 따르기

다음과 같은 질문을 해본 적 있을까요?

"이끌어 주지 않는 남자를 어떻게 따를 수 있나요?" 이것은 사실 상처받은 많은 여성의 부르짖음입니다. 많은 아내들이 남편의 리더십을 기대하지만, 현실은 기대와 다를 때가 많습니다. 하지만 하나님께서 주신 질서를 이해하고 신뢰하는 것이 먼저입니다. 그리고 예수님께서 상처받은 마음을 가지고 그분께 나아오라고 초대하신다는 것을 기억하길 바랍니다.

"아무 것도 염려하지 말고 다만 모든 일에 기도와

간구로, 너희 구할 것을 감사함으로 하나님께 아뢰

라 그리하면 모든 지각에 뛰어난 하나님의 평강이

그리스도 예수 안에서 너희 마음과 생각을 지키시

리라" (빌립보서 4:6~7)

예수님께서는 우리의 염려를 알고 계시며, 모든 염려를 그분께 맡기라고 말씀하고 계십니다. 우리가 염려를 붙들고 있을 때 육체가 병들게 될 것을 그분은 아십니다. 우리의 마음이 하나님의 평강 안에 거할 때, 관계 속에서도 평안과 회복을 경험할 수 있습니다.

"평온한 마음은 육신의 생명이나 시기는 뼈를 썩게

하느니라" (잠언 14:30)

'시기'는 다른 사람이 가진 것을 샘내어 미워하며 그

것을 열망하는 것을 의미합니다. 주님은 우리 마음을 다 알고 계십니다. 잠언 14장 30절 말씀을 통해 시기, 좌절, 분노 또는 쓴 뿌리를 품고 있는 사람들에게 어떤 일이 일어날지 알려 주십니다. 바로 우리의 뼈가 썩게 되는 것입니다. 감정이 결국 건강과 관계에까지 영향을 미친다는 것을 하나님께서 경고하고 계십니다.

남편에게 상처가 될 수 있는 말이나 행동은 돌아보고 회개할 수 있지만, '남편은 이래야 한다'는 고정관념은 스스로 인식하지 못하는 사이 마음의 큰 짐이 될 수 있습니다.

우리는 남편들이 가정을 잘 이끌기를 원합니다. 아마도 당신은 이런 생각을 한 경험이 있을 거예요.

'공과금을 제때 지불하는 것이 뭐가 잘못된 거죠?'
'남편이 가족을 책임지기를 원하는 내 생각

이 틀린 건가요?'

'남편이 아이들과 함께 가정예배 드리기를 원하는 것이 뭐가 나쁘죠?'

'남편이 가족에게 더 귀 기울이고, 우리 마음을 이해하고 이끌어 주길 원하는 것이 잘 못인가요?'

'남편이 우리 가족을 이끌어간다는 책임감을 보여주기를 원하면 안되나요?'

아내 여러분, 물론 이러한 것을 원하는 것에는 아무 문제가 없습니다. 하지만 알아야 할 것은 우리가 이것을 가지지 못할 때 마음에 일어날 수 있는 일들입니다. 기대가 실망으로 변할 때, 그 실망이 결국 관계를 해칠 수도 있습니다.

시기—우리가 가지지 못한 것을 계속해서 원하는 것—가 감정적 또는 육체적 질병을 초래할 수 있으며, 이는 관계의 파괴로 이어질 수 있다는 것을 인식해야 합니다. 솔로몬의 경고를 기억하십니까?

> "어떤 길은 사람이 보기에 바르나 필경은 사망의 길
> 이니라" (잠언 16:25)

    하나님께서는 아내들에게 자신의 명철을 내려놓아야 하며, 남편을 사랑하도록 초청하시는 그 초대를 기꺼이 받아들이는 아내가 복을 받는다고 말씀하십니다. 하나님의 길은 언제나 선하고 완전하다는 것을 우리는 신뢰해야 합니다.

> "너는 마음을 다하여 여호와를 신뢰하고 네 명철을
> 의지하지 말라 너는 범사에 그를 인정하라 그리하
> 면 네 길을 지도하시리라" (잠언 3:5~6)

> "자기의 생명을 사랑하는 자는 잃어버릴 것이요 이
> 세상에서 자기의 생명을 미워하는 자는 영생하도록

보전하리라" (요한복음 12:25)

아내 여러분! 이 작은 책에서 또 한 가지를 얻는다
면, "나는 버겁고 어려운 일을 예수님께 가지고 갈
것이다"라는 마음이길 간절히 축복합니다.

베드로전서 3장에서 사라의 경우를 살펴봅시다.
사라는 남편을 따라 믿을 수 없을 만큼 힘든 (그리
고 어리석은) 여러 도전을 함께 했습니다.

"전에 하나님께 소망을 두었던 거룩한 부녀들도 이
와 같이 자기 남편에게 순종함으로 자기를 단장하
였나니 사라가 아브라함을 주라 칭하여 순종한 것
같이 너희는 선을 행하고 아무 두려운 일에도 놀라
지 아니하면 그의 딸이 된 것이니라"

(베드로전서 3:5~6)

우리는 여기서 하나님께서 남편에게 맡기신 권위

가 있음을 봅니다. 그 당시 문화에서 그랬듯이 사라는 아브라함을 "주"라고 부르며 하나님이 주신 권위를 인정했습니다. 사라는 결점이 있는 남편의 아내였는데, 하나님께서는 사라를 들어 우리에게 그 본을 보여주고 계십니다. 왜냐하면 그녀는 남편이 아닌 하나님께 소망을 두었고, 두려움에 굴복하지 않았기 때문입니다.

아내 여러분, 남편이 우리를 잘 이끌어 주지 못한다는 생각이 들 때, 주님은 우리가 아버지 하나님을 따라가야 함을 상기시켜 주십니다. 남편이 변화되지 않는 것처럼 보일지라도, 하나님께서는 우리의 기도를 통해 일하고 계십니다.

그러나 현실에서는 남편이 만족스러운 리더십을 보여주지 못한다고 느껴질 때가 많습니다. 이럴 때 우리 마음에는 실망과 원망이 쌓이기 쉽지만, 먼저 '비판'이 아닌 '기도'로 나아가 보길 바랍니다.

믿음이 좋다고 소문난 부부가 있었습니다. 그런

데 아내는 남편이 가정에서 영적 리더십을 발휘해 주기를 바랐지만, 남편은 무관심하고 방관하는 듯했습니다. 아내는 그런 남편을 비판하기 바빴는데, 어느 날 마태복음 7장 1절("비판을 받지 아니하려거든 비판하지 말라")을 묵상하던 중 남편을 정죄하던 자신의 모습을 발견했습니다. 그때부터 아내는 남편을 향한 잔소리나 비난 대신, 매일 남편의 이름을 부르며 구체적으로 기도하기 시작했습니다. 그러자 시간이 조금 흐른 뒤, 남편은 점차 가정예배에도 관심을 보이고, 가족을 위해 중보기도를 하는 모습으로 변화되어 갔습니다.

이처럼 남편이 제 역할을 다하지 못하는 것 같을 때, 아내가 먼저 주님께 시선을 돌려 기도로 남편을 세워주는 태도는 매우 큰 힘을 발휘합니다. '왜 당신은 이러이러하지 않느냐'고 따지기보다, 남편을 하나님의 손에 맡기고 우리가 할 수 있는 일들을 실천해 나갈 때, 하나님께서는 그 사이에서 남편의 마음과 상황을 놀랍게 빚어 가십니다.

그렇다면 구체적으로 무엇을 할 수 있을까요? 예를 들면 이런 작은 시도를 권합니다.

❖ **기도 습관 기르기:** 잠언 3장 5~6절을 떠올리며, 매일 아침·저녁 5분씩 남편을 위해 기도하세요. 아내의 기도는 남편에게 보이지 않는 울타리가 됩니다.

❖ **부드러운 권면:** "여보, 이번 주 우리 가정 예배는 당신이 말씀 한 구절만이라도 소개해줘요"처럼 부담스럽지 않은 제안을 해 보세요. 작은 영역에서 시작할 때, 남편도 점차 책임감을 키워갈 수 있습니다.

❖ **칭찬과 격려의 말:** 에베소서 4장 29절을 기억하며, 남편이 작은 일이라도 가족

을 위해 애썼다면 "당신 덕분에 든든해요. 고마워요."라고 진심을 담아 표현하세요. 세워주는 말 한 마디가 남편에게는 큰 에너지가 됩니다.

베드로전서 3장을 보면, 때로는 하나님을 따르는 것이 두려운 일이라는 것을 알 수 있습니다. 아니, 두려움 이상입니다. 그것은 '치명적'인 일입니다. 왜일까요? 왜냐하면 하나님을 따르는 것은 '자기를 부인하고 자기 십자가를 지고 그를 따르는 것(마태복음 16:24)'이기 때문입니다.

제가 하나님을 따르는 것이 '치명적'이라고 말한 것을 잔인한 말로 오해하지 않기를 바랍니다. 오히려 그것은 우리가 지금까지 경험하지 못한 가장 평화롭고 기쁨이 넘치는 삶으로의 초대입니다.

이 구절을 읽을 때, 우리의 적은 하나님이 당신의 좋은 것을 빼앗으려고 한다거나 좋은 것을 막고 있다고 속삭일 수 있습니다. 에덴동산에서 하와에게 그랬던 것처럼 말입니다.

하나님의 영이 당신의 마음을 위로하시고 확신을 주시기를 지금 기도합니다. 그분은 당신에게서 좋은 것을 빼앗으시려는 것이 아닙니다. 오히려 당신이 해로운 것들을 없애고 거기서 벗어나 자유롭길 바라십니다.

하나님께서는 당신이 '당신 생각에' 생명을 줄 거라고 붙잡고 있는 그것을, 진정으로 풍성한 생명을 가져다 줄 것과 교환하시기를 원하십니다. 요한복음 10장 10절에 예수님께서는 "내가 온 것은 양으로 생명을 얻게 하고 더 풍성히 얻게 하려는 것이라"라고 말씀하셨습니다. 그분이 원하시는 진정으로 좋은 삶을 살기 위해 우리는 자신의 생각을 내려놓아야 합니다.

저와 함께 소리 내어 기도해 주세요.

하늘에 계신 사랑하는 아버지, 아버지께서 히브리서 4장 16절에서 말씀하신 대로, 때를 따라 돕는 은혜를 얻기 위하여 담대히 나아갑니다. 저는 아버지의 도우심이 필요합니다. 때로는 남편이 제 마음이나 아이들의 마음을 헤아리지 못한다고 느낄 때 남편을 따르는 것이 참 어렵습니다. 제가 남편을 바라보는 시선이 아니라, 하나님께서 남편을 통해 이루실 일을 바라볼 수 있길 원합니다. 아버지께서 우리의 마음을 다 알고 계시며 우리를 깊이 돌보심을 신뢰할 수 있도록 도와주세요. 모든 것이 합력하여 선을 이룬다는 로마서 8장 28절 말씀을 전적으로 믿는 믿음을 주세요. 나의 아버지 사랑합니다. 예수님을 힘입어 아버지께 나아올 수 있음에 감사를 드리며, 예수님의 이름으로 기도드립니다. 아멘.

차분히 기도하면서 결혼 생활을 돌아보고, 하나님이 주시는 마음을 따라가 보세요. 소그룹 모임을 통해 서로의 경험을 나눌 때 모임에서의 대화뿐만 아니라 주님과의 관계도 더욱 깊어질 것입니다.

· · · · ·

1. 가장 마음에 와닿은 구절에 밑줄을 긋고 이유를 써보세요.

2. 당신이 남편을 따르는 것이 어려운 이유는 무엇인가요? 남편을 따르지 못하는 이유 중 내 마음 속에 있는 장애물은 무엇인가요?

3. 빌립보서 4:6~7을 읽으며 하나님께 염려를 맡기는 것이 왜 중요한지 이야기해 봅시다.

4. 하나님의 방법으로 남편을 따르기 위해 필요한 변화는 무엇인가요?

5. 내가 아닌 하나님의 시선으로 바라본다면 나의 남편은 어떤 사람일까요? 하나님은 그를 어떻게 바라보실까요?

12. 내려놓기

많은 사람들은 도움이 필요할 때에 기도하는 것이 가장 쉽다고 생각합니다. 우리가 가장 힘들 때 하나님을 찾는 것은 당연한 일입니다. 하지만 하나님께서는 평안할 때도, 기쁠 때도, 그리고 매일의 작은 순간에서도 그분을 의지하기를 원하십니다. 아마 당신도 저처럼 다음과 같이 기도했겠지요.

"주님, 제 자아가 죽기를 원합니다. 저는 이 태도, 이 반응, 이 분노, 이런 이기심을 원하지 않습니다... 주님, 바울이 로마 교회에 했던 말, '내가 행하는 것을 내가 알지 못하노니 곧 내가 원하는 것은 행하지 아니하고 도리어 미워하는 것을 행함이라... 내가 원하는 바 선은 행하지 아니하고 도리어 원하지 아니하는 바 악을 행하는도다(로마서 7:15, 19)'는 말을 제 삶에서도 경험하며 살아가고 있습니다."

절망이 틈탈 수 있지만 로마서 8장은 우리를 위로합니다.

"그러므로 이제 그리스도 예수 안에 있는 자에게는 결코 정죄함이 없나니" (로마서 8:1)

그리고 다윗은 이렇게 고백합니다.

"그들이 주를 앙망하고 광채를 내었으니 그들의 얼굴은 부끄럽지 아니하리로다" (시편 34:5)

앞에서도 말했듯이 자신의 생각을 모두 내려놓고, 남편을 온전히 사랑하도록 부르시는 하나님의 초대에 기쁘게 참여하는 여인은 복을 받을 것입니다.

하나님께서는 우리가 스스로를 내려놓을 때, 가장 놀라운 계획을 이루어 가십니다. 내려놓음은 포기가 아니라, 하나님께 온전히 맡기는 신뢰의 행위입니다.

"너는 마음을 다하여 여호와를 신뢰하고 네 명철을 의지하지 말라 너는 범사에 그를 인정하라 그리하면 네 길을 지도하시리라" (잠언 3:5~6)

하나님의 방식은 우리의 이해를 초월하지만, 결

국 우리를 가장 좋은 길로 인도하십니다. 당신에게 꼭 기억해야 할 한 가지를 나누고 싶습니다. 만일 머릿속에서 다음과 같은 목소리가 들릴 때, "너 자신을 봐... 넌 실패자야... 다들 너한테 실망했어." 그것은 당신을 사랑하는 아버지의 음성이 아닙니다. 그리고 절대 그런 일은 일어나지 않습니다.

아버지께서는 절대 그런 식으로 우리가 자신에게 집중하도록 말씀하지 않으십니다. 그분은 우리가 예수님을 바라보고, 예수님께 귀 기울이라고 말씀하십니다.

"... 이는 내 사랑하는 아들이요 내 기뻐하는 자니 너희는 그의 말을 들으라 하시는지라" (마태복음 17:5b)

스스로를 비난하는 대신, 예수님께 집중해야 합니다. 예수님의 음성을 들으면 마음이 새로워지고 회복됩니다. 주님의 음성이 들리십니까? 예수님의 말씀을 들어보세요. 예수님께 집중하세요. 예수님을 바라보세요.

> "믿음의 주요 또 온전하게 하시는 이인 예수를 바라보자 그는 그 앞에 있는 기쁨을 위하여 십자가를 참으사 부끄러움을 개의치 아니하시더니 하나님 보좌 우편에 앉으셨느니라" (히브리서 12:2)

> "그들이 주를 앙망하고 광채를 내었으니 그들의 얼굴은 부끄럽지 아니하리로다" (시편 34:5)

예수님을 바라볼 때 소망과 믿음이 생깁니다. 나 자신을 바라보면 절망에 빠지기 쉽습니다. 예수님은 간음하다 잡힌 여인에게 이렇게 말씀하셨습니다.

> "... 여자여 너를 고발하던 그들이 어디 있느냐 너를

정죄한 자가 없느냐 대답하되 주여 없나이다 예수
께서 이르시되 나도 너를 정죄하지 아니하노니 가서
다시는 죄를 범하지 말라 하시니라" (요한복음 8:10~11)

왜 예수님은 여자를 정죄하지 않으셨을까요? 그
여자에게 잘못이 없기 때문인가요? 그렇지 않습니
다. 주님께 용서받았음을 그녀가 알기 원하셨던 것
입니다. 하나님의 용서는 우리의 과거를 새롭게 하
고, 우리를 자유롭게 합니다. 우리는 그 은혜 안에
서 남편과 가족을 온전히 사랑할 수 있습니다.

아내 여러분, 저는 제 남편과 아이들에게 상처를
주었던 것을 후회합니다. 저는 남편과 자녀들에게
깊은 상처를 주는 말과 행동을 했습니다. 하지만 저
는 그들에게, 그리고 주님께 잘못을 고백하고 용서
를 구했습니다. 그렇기에 이제 더 이상 그 일들을 생
각할 필요가 없습니다.

시편 전체는 하나님의 위대하심을 향한 다윗의

고백으로 가득합니다. 다윗은 하나님의 사랑과 은혜, 신실하심과 자비, 용서, 그분이 보이신 기이한 일들을 찬양하고 또 찬양합니다.

다윗은 언제나 세우고 격려하는 말을 했습니다. 우리는 절망적인 상황이 되면, 자신 또는 남편을 깎아내리는 말을 하는 유혹을 받습니다.

> "무릇 더러운 말은 너희 입 밖에도 내지 말고 오직 덕을 세우는 데 소용되는 대로 선한 말을 하여 듣는 자들에게 은혜를 끼치게 하라" (에베소서 4:29)

본인이나 남편의 잘못을 말한다고 좋을 게 뭐가 있을까요? 저는 여러분에게 예수님에 대해서 말할 거예요. 예수님은 당신을 정말 아끼십니다. 그리고 당신의 남편도 정말 아끼십니다. 예수님께서는 아내를 통해 그 크신 사랑을 남편에게 드러내기를 원하십니다. 이것이 바로 돕는 배필입니다.

하지만 예수님을 바라보지 않고는 하나님께서 당신에게 부여하신 '돕는 배필'이 되는 것은 불가능합니다. 저와 함께 큰 소리로 선포합시다.

"예수님을 바라보지 않고는 남편에게 필요한 '돕는 배필'이 될 수 없습니다."

남편의 잘못에 집중하거나, 좋은 아내가 될 수 없다는 생각에 사로잡혀 있다면 결코 온전한 사랑으로 나아가지 못합니다.

안타깝게도 우리는 오랜 시간 '자신의 명철'을 의지해 왔고, '남편이 변하도록 만들어야 돼. 그게 안 된다면 적어도 이런 상황에 대해 불편함은 느끼게 해야 해. 안 그러면 남편은 절대 변하지 않을 거야'라고 생각을 하며 살아왔을 수 있습니다.

하나님께서는 야고보서에서 이 문제에 대해 말씀하셨습니다. 우리는 강제적인 방법을 통해 누군가가 좋은 행동을 하도록 만들 수 있다고 착각하지만, 우리에겐 그럴 능력이 없습니다.

"사람이 성내는 것이 하나님의 의를 이루지 못함이
라" (야고보서 1:20)

남편에게 필요한 것은 그의 마음에 말씀하시는 하나님의 음성을 듣는 것입니다.

"하나님의 인자하심이 너를 인도하여 회개하게 하
심을…" (로마서 2:4)

아내가 직접 남편에게 더 나아지라고 말하는 것이 아닙니다. 남편들은 예수님을 알아야 합니다. 우리는 그리스도의 향기가 되도록 예수님의 초대를 받았습니다.

> "우리는 구원 받는 자들에게나 망하는 자들에게나 하나님 앞에서 그리스도의 향기니" (고린도후서 2:15)

'나는 애플파이가 되어야 하는 것이 아니라 그저 애플파이의 향기가 되어야 한다'라는 얘기를 들은 적이 있습니다. 남편이 내게 가까이 오고 싶고, 예수님께 더 가까이 가고 싶게 하려고, 나는 예수님의 향기로 부름을 받았습니다.

이때 우리가 내려놓아야 할 가장 중요한 것은 '조급함'일지도 모릅니다. 때로는 마음이 급해 남편에게 변화를 강요하거나, 나 자신에게도 지나치게 엄격해질 때가 있습니다. 하지만 주님은 잠시 멈추어, 예수님의 발 앞에 앉아 마음을 내려놓길 원하십니다.

누가복음 10장에 등장하는 마르다와 마리아의 이야기를 떠올려 보세요. 마르다는 분주하게 집안일을 준비하며 예수님께 칭찬받고 싶어 했지만, 정작 예수님을 제대로 바라보는 데는 실패했습니다. 반면 마리아는 예수님의 발치에 앉아 말씀에 집중함으로써 주님께 "좋은 편을 택하였다"(누가복음 10:42)는 칭찬을 받았습니다.

우리도 이처럼 분주한 마음을 잠시 내려놓고, 주님의 말씀에 시선을 고정해 봅시다. 남편이 잘 변하지 않고, 나 자신마저 부족하게 느껴질 때, 모든 기대와 염려를 예수님께 맡기고 그분만을 바라보는 것입니다.

이렇게 기도해 보는 건 어떨까요? "주님, 제가 마르다처럼 분주하고 조급한 마음으로 살지 않게 해주세요. 오늘도 당신의 음성에 귀 기울이는 기쁨을 누리게 해주세요." 여러분 모두가 남편과 가정에 그리스도의 향기를 전할 수 있길 축복합니다.

🌿 저와 함께 소리 내어 기도해 주세요.

하늘에 계신 아버지, 저에게 아버지가 필요합니다. 저의 모든 짐을 내려놓고, 오직 주님만을 신뢰하기 원합니다. 남편이 저와 가족을 이끌어가는 것이 보이지 않을 때 낙심하지 않고, 제가 아버지를 바라보며 아버지의 음성을 듣고 아버지를 따를 수 있도록 도와주세요. 아버지의 충만한 사랑 안에 거하는 삶을 살길 원합니다. 제 마음을 아버지께 올려드리며, 예수님의 이름으로 기도드립니다. 아멘.

차분히 기도하면서 결혼 생활을 돌아보고, 하나님이 주시는 마음을 따라가 보세요. 소그룹 모임을 통해 서로의 경험을 나눌 때 모임에서의 대화뿐만 아니라 주님과의 관계도 더욱 깊어질 것입니다.

• • • • •

1. 가장 마음에 와닿은 구절에 밑줄을 긋고 이유를 써보세요.

2. 내 뜻을 내려놓는 것이 왜 어려운가요?

3. 하나님께 나의 결혼 생활을 맡긴다는 것은 어떤 의미인가요?

4. 결혼 생활에서 가장 내려놓기 어려운 부분은 무엇인가요?

5. 내려놓음을 통해 더 자유로운 결혼 생활을 경험한 적이 있다면 나누어 봅시다.

13. 아내의 몸으로 남편을 축복하라

"남편은 그 아내에 대한 의무를 다하고 아내도 그
남편에게 그렇게 할지라 아내는 자기 몸을 주장하
지 못하고 그 남편이 하며 남편도 그와 같이 자기 몸
을 주장하지 못하고 오직 그 아내가 하나니"

(고린도전서 7:3~4)

"아내의 몸으로 남편을 축복하라." 단순한 문구입
니다. 그렇죠? 우리의 결혼 생활은 가정마다 다릅니
다. 하지만 결혼 생활의 육체적 친밀감에 있어서 비

숫한 어려움을 겪고 있을 거라 생각합니다. 결혼에서 육체적 친밀함은 단순한 행위가 아니라, 서로를 향한 신뢰와 사랑의 표현이기에 더 중요합니다. 그럼에도 많은 여성들이 남편과의 육체적 관계에서 느끼는 어려움에 대해 말하는 것을 들었습니다. 그중 몇 가지를 나열해 보겠습니다.

"아이를 낳고 나서, 몸매가 예전 같지 않아요. 그래서 불안해요."

"남편에게 저는 더 이상 매력적으로 보이지 않는 것 같아요."

"전 그냥 육체적으로 이용당한 것 같아요."

"다시 임신하게 될까 두려워요."

"남편이 부부관계를 너무 많이 원해요."

"저는 남편이 생각하는 것보다 더 자주 부부관계를 하고 싶어요."

"과거에 있었던 일 때문에 성 문제에 있어

서 트라우마가 있어요."

"저는 너무 피곤해요."

이러한 고민들은 너무나 현실적이며 중대한 것입니다. 그렇기 때문에 우리는 이 문제를 외면하지 않고, 서로에게 솔직하게 이야기하며 해결책을 찾아가야 합니다. 결혼 생활에는 상처가 있을 수 있습니다. 과거의 상처가 있을 수도 있고요. (저에게도 그런 상처가 있습니다.)

여러분이 느끼는 감정에 대해 남편과 꼭 대화를 해 보길 권유합니다. 건강한 부부 관계를 위해서는 솔직한 대화와 서로에 대한 배려가 필수적입니다. 그리고 만일 도움이 필요하다면, 치유와 회복을 위해 적극적으로 관련 분야 전문가의 상담을 받으시길 바랍니다. 당신의 결혼 생활에 필요한 도움을 받을 수 있을 것입니다.

저는 지금 여러분을 위해 기도하며, 주님께서 여

러분에게 담대함과 또 필요한 도움의 손길을 붙여 주시길 기도합니다.

> "여호와는 마음이 상한 자를 가까이하시고 충심으로 통회하는 자를 구원하시는도다" (시편 34:18)

사랑하는 아내 여러분, 잊지 마세요.

하나님께서는 부부가 서로의 몸을 통해 위로와 기쁨을 누리길 원하십니다. 잠언 5장 18~19절을 보면 "네 샘으로 복되게 하라 네가 젊어서 취한 아내를 즐거워하라 그는 사랑스러운 암사슴 같고 아름다운 암노루 같으니 너는 그의 품을 항상 족하게 여기며 그의 사랑을 항상 연모하라"며 부부의 친밀함을 축복하시는 하나님 마음이 드러납니다.

그리고 아가서 4장 7절에서는 "나의 사랑, 너는 어여쁘고 아무 흠이 없구나"라고 말씀하십니다. 이는 신체적인 변화나 부족함과 상관없이, 우리 몸 자체가 서로를 축복하는 아름다운 통로가 될 수 있음을 보여줍니다.

한 아내가 있었습니다. 출산 후 급격히 변한 몸 때문에 스스로가 매력적이지 않다고 느껴 남편의 접근마저 피하게 되었습니다. 그러나 매일 말씀을 묵상하며, '하나님의 작품인 내 몸으로 남편을 사랑하고 축복할 수 있다'고 마음을 고쳐먹기 시작했지요. 남편에게 솔직하게 자신이 느끼는 불안과 두려움을 나누고, 함께 기도하자고 제안했습니다. 남편 또한 아내의 마음을 이해하고, 천천히 스킨십과 대화를 회복해 나가며 부부의 관계가 더욱 깊어졌다고 합니다.

이처럼 우리 몸이 완벽하지 않아도 괜찮습니다. 중요한 것은 내 몸을 통하여 남편과 함께 누릴 수 있는 친밀함이 하나님의 선물이라는 사실입니다. 그 선물을 온전히 누리기 위해서, 감사와 사랑의 마음으로 남편을 대하는 우리가 됩시다.

하나님께서는 우리의 연약함을 아십니다. 우리의 아픔과 두려움을 숨길 필요가 없습니다. 그분께 내어 맡길 때, 반드시 회복이 시작됩니다.

🌿 저와 함께 소리 내어 기도해 주세요.

사랑하는 예수님, 주님께서 저의 삶과 저의 마음을 다 알고 계십니다. 이 시간 저의 연약함과 두려움을 주님 앞에 내려놓습니다. 남편과의 육체적 친밀감을 위해 어떻게 생각하고 행동해야 할지, 이 시간 주님의 음성을 듣길 원합니다. 아버지께서 창조하신 부부 관계가 남편과 저 모두에게 축복임을 이제 알았습니다. 주님께서 주신 이 소중한 관계를 더욱 건강하고 아름답게 가꾸어 가도록 도와주세요. 주님을 의지하오니 기도에 응답하시고 길을 인도해 주세요. 예수님의 이름으로 기도드립니다. 아멘.

차분히 기도하면서 결혼 생활을 돌아보고, 하나님이 주시는 마음을 따라가 보세요. 소그룹 모임을 통해 서로의 경험을 나눌 때 모임에서의 대화뿐만 아니라 주님과의 관계도 더욱 깊어질 것입니다.

• • • • •

1. 가장 마음에 와닿은 구절에 밑줄을 긋고 이유를 써보세요.

2. 남편을 향한 몸의 표현(포옹, 미소, 다정한 눈빛 등)이 중요한 이유는 무엇인가요?

3. 남편을 향한 몸의 표현이 어렵다면, 그 이유는 무엇일까요?

4. 내 몸으로 남편을 축복하기 위해 오늘 실천할 수 있는 작은 행동은 무엇인가요?

5. 남편과 함께 서로 어떤 몸의 표현을 좋아하는지 나누는 시간을 가져보세요.

14. 나를 가로막는 것

우리가 좋은 돕는 배필이 되는데 방해 요인은 뭐가 있을까요?

#1 세상의 부정적인 영향

> "... 너희는 이 세대를 본받지 말고 오직 마음을 새롭게 함으로 변화를 받아 하나님의 선하시고 기뻐하시고 온전하신 뜻이 무엇인지 분별하도록 하라"
>
> (로마서 12:1)

세상은 당신에게 남편을 사랑하고 존경하는 아내가 되는 것이 삶에 우선순위가 될 수 없다고 말할 것입니다. 당신이 남편에게 웃어주고, 그가 집에 돌아왔을 때 안아주고, 그가 좋아하는 음식을 준비해 주고, 그를 위해 집을 조금이라도 천국처럼 만들어주는 것보다 더 중요한 일들이 많다고 세상은 말할 것입니다.

왜 아내들은 남편을 사랑하고 존경하는 일에 헌신해야 할까요? 우리 마음에 그 어떤 동기보다 가장 큰 영향력을 주는 동기가 바로 예수님께서 우리에게 주신 가장 큰 계명인 '사랑하라' 이 말씀인가요? 그렇다면 얼마나 더 남편을 사랑해야 할까요?

당신이 사형수로 감옥에 갇혀 있다고 상상해 보세요. 그러던 어느 날 그 감옥 문이 열렸는데 예수님이 포박을 당한 채 서있는 것입니다. 교도관이 이렇게 말합니다. "이 자가 당신을 대신하기로 했으니, 당신은 나가도 좋소."

감옥에서 나가며, 당신은 예수님이 십자가로 끌려가는 모습을 봅니다. 예수님은 당신에게 말씀하십니다. "한 가지 부탁을 들어주겠니? 남편을 사랑해 줄 수 있을까?" 당신은, "오, 아니요, 주님은 제 남편을 몰라요."라고 대답할 수 있을까요? 그런 생각조차 할 수 있을까요? 아니면 이렇게 말할까요? "네, 주님. 무엇이든지 주님이 말씀하시는 대로 하겠습니다."

하지만 만약 당신 남편이 결코 당신의 사랑과 존경을 받을 자격이 없다면 어떻게 할까요? 예수님을 바라보며 말해보세요. "주께서 남편을 사랑하고 존경하라고 하신 말씀에, 저의 대답은 '예' 입니다. 하지만 주님, 주님이 도와 주시지 않으면 할 수 없습니다. 저를 도와주세요."

세상은 우리가 남편에게 헌신하는 태도를 보일 때 "네가 너무 손해 보는 것 아니야? 그렇게까지 할 필요 없어."라고 합니다. 그러나 주님의 가치는 우리가 세상에서 무엇을 얻는가 보다, 우리 마음에 진정한 사랑이 자리 잡았는가에 달려 있습니다.

룻기를 떠올려 보세요. 룻은 이방 여인임에도 불구하고 시어머니 나오미와 하나님을 향한 사랑으로 낯선 땅 베들레헴에 들어갔습니다. 세상의 눈으로 보면 어리석어 보일 수도 있었지만, 그 믿음과 헌신을 통해 하나님은 룻에게 놀라운 복을 베푸셨지요. 우리의 결단 역시 그러합니다. 세상의 소리보다 주님의 음성에 귀 기울여 남편을 사랑하며 섬길 때, 하나님께서는 예상치 못한 방법으로 가정을 인도하십니다.

주님의 사랑을 받았기에, 우리는 사랑할 수 있습니다. 우리의 사랑은 우리의 힘이 아니라, 하나님께서 주시는 능력으로 이루어지는 것입니다.

#2 두려움과 절망의 감정

두려움과 절망감은 우리를 방해합니다. 베드로전

서 3장 6절에 하나님께서는 아내들에게 두려움에 자리를 내어주지 않도록 선을 행하라고 격려하십니다. 억압과 지배에 대한 두려움. 자기 정체성을 잃을 두려움. 통제력을 잃어버린 상태에서 오는 취약성의 두려움. 내가 다정하고 매력적이면 남편은 절대 변하지 않을 거라는 두려움.

하지만 기억합시다. 우리는 남편의 변화를 위해서 주님을 따르는 것이 아닙니다. 예수님은 "아버지, 제 뜻에 부합하는 아버지의 뜻이 이루어지게 하소서"라고 하지 않았습니다. 예수님은 하나님 아버지를 순수하게 믿었고, 이렇게 선포했습니다. "제 뜻대로 하지 마시고, 아버지의 뜻대로 하옵소서" (마태복음 26:39) 그러니 두려움이 밀려올 때마다 마음을 차분히 가라앉히고 이렇게 고백해 보세요. "주님, 이 두려움을 당신께 맡깁니다."

어떤 아내가 있었습니다. 그 여성은 '남편에게 이렇게 헌신해 봤자 하나도 달라지는 게 없어. 앞으로도 계속 이러면 어쩌지?'라는 생각에 사로잡혀 힘들어했습니다. 그러다 어느 날 그녀는 '남편을 바꾸는 분은 내가 아니라 전능하신 하나님이시다'라는 진리를 깨닫게 되었습니다. 그리고 자신의 불안을 주님께 고백하고 내려놓았습니다. 그러고 나니 그녀는 남편을 향한 기대와 결과보다는 작은 격려와 사랑의 행동들에 집중할 수 있었습니다. 시간이 지남에 따라 남편이 조금씩 변해가고 있음을 발견했습니다.

우리가 절망과 두려움을 내려놓을 때 주님의 선하신 손길이 우리 가정을 만지신다는 사실을 잊지 마시기 바랍니다.

#3 믿기를 두려워함

우리가 좋은 돕는 배필이 되지 못하게 하는 주요 방해 요소는 바로 하나님에 대한 우리의 불신입니다. 우리는 종종 하나님께서 우리를 돌보심을 진심으로 믿지 않습니다. 믿음을 놓쳐버릴 때가 많습니다.

우리는 하나님께서 우리와 함께하실 것을 믿지 않아서, 우리 스스로 보호막을 만들어야 한다고 생각합니다. 하나님께서는 우리를 돌보시는 분이십니다. 우리가 신뢰할 때, 하나님께서는 우리를 가장 선한 길로 인도하십니다.

🌿 저와 함께 소리 내어 기도해 주세요.

하나님 아버지,

아버지께서 저를 얼마나 사랑하시는지 알기 원합니다. 또 저를 언제나 보호하고 계심을 의심하지 않고 믿도록 도와주세요. 그리고 남편을 향한 하나님의 사랑을 제가 볼 수 있길 기도드립니다. 제 마음속의 두려움과 불안을 내려놓고, 하나님의 계획을 신뢰하며 나아가기를 원합니다. 저는 평생 하나님만을 따르겠습니다. 저와 남편의 결혼 생활을 위해 준비하신 하나님의 계획들이 제 상상보다 훨씬 더 아름답다는 것을 믿습니다. 예수님의 이름으로 기도드립니다. 아멘.

차분히 기도하면서 결혼 생활을 돌아보고, 하나님이 주시는 마음을 따라가 보세요. 소그룹 모임을 통해 서로의 경험을 나눌 때 모임에서의 대화뿐만 아니라 주님과의 관계도 더욱 깊어질 것입니다.

· · · · ·

1. 가장 마음에 와닿은 구절에 밑줄을 긋고 이유를 써보세요.

2. 하나님께서 아내로서의 내 마음을 변화시키기 원하시는 부분이 있다면 어떤 것일까요?

3. 남편과의 관계에서 내가 먼저 변해야 할 점이 있다면 무엇인가요?

4. 나를 가장 두렵게 하는 것은 무엇인가요? 가정생활에서 어떤 때에 가장 절망적인 생각이 드나요?

5. 결혼 전 내가 꿈꾼 부부의 모습은 어떤 것인가요? 지금 내가 남편과의 관계에서 변화되고 싶은 것은 어떤 것인가요?

15. 기도하라

질문을 하나 할까 합니다. 남편을 위해 기도하시
나요? 정말 무릎을 꿇고 다음과 같은 기도를 드리
시나요?

"아버지, 아버지께서 남편을 사랑하시는
것을 압니다. 오늘 그에게 당신의 사랑을
충만하게 부어주세요. 그의 삶을 축복합니
다. 세상의 모든 유혹에서 그를 지켜 주시
고, 그의 내면을 강하게 세워주세요. 저를

통해 그를 축복해 주시고, 그가 유혹에 빠지지 않도록 도와 주세요. 주님의 선하심을 드러내는 주님의 도구로 저를 사용해 주세요."

이렇게 기도하시나요? 아니면 제가 수년간 기도한 아래의 기도문처럼 기도하시나요?

"하나님, 그가 더 나은 남편이자 아버지가 되게 해주시길 기도합니다. 우리 가정에 체납된 것이 없도록 그를 도우시고, 아이들과 함께하는 가정 예배를 이끌어 가게 해 주세요. 그가 더욱 거룩한 남자가 되도록 해주시고 그를 변화시켜 주세요."

남편을 위한 기도는 '남편을 변화시키기 위한 수단'이 아니라, 남편을 향한 하나님의 마음을 더 깊이 깨닫고 그분의 역사를 기대하는 통로입니다. 남편이 어떤 모습이든, 그보다 더 크신 주님께서 그를 붙들고 계시다는 사실을 잊지 마세요. 하나님께서 그의 마음을 움직이시고, 아내인 우리도 그 안에서 변화되기를 소망합니다.

여러분에게 한 가지 도전 과제를 드리겠습니다. 신약 성경 속 기도문을 모두 찾아보세요. 그리고 찾아낸 기도문으로 남편을 위해 기도를 해 보는 거예요.

여러분이 지금 시작해 볼 수 있게 기도문 몇 가지를 올려 드립니다. 밑줄 친 곳을 남편 이름으로 바꿔서 기도해 보세요.

"그의 영광의 풍성함을 따라 그의 성령으로 말미암아 너희 속사람을 능력으로 강건하게 하시오며 믿음으로 말미암아 그리스도께서 너희 마음에 계시게 하시옵고 너희가 사랑 가운데서 뿌리가 박히고 터가 굳어져서 능히 모든 성도와 함께 지식에 넘치는 그리스도의 사랑을 알고 그 너비와 길이와 높이와 깊이가 어떠함을 깨달아 하나님의 모든 충만하신 것으로 너희에게 충만하게 하시기를 구하노라 우리 가운데서 역사하시는 능력대로 우리가 구하거나 생각하는 모든 것에 더 넘치도록 능히 하실 이에게 교회 안에서와 그리스도 예수 안에서 영광이 대대로 영원무궁하기를 원하노라 아멘" (에베소서 3:16~21)

"너희 염려를 다 주께 맡기라 이는 그가 너희를 돌보심이라 근신하라 깨어라 너희 대적 마귀가 우는 사자 같이 두루 다니며 삼킬 자를 찾나니 너희는 믿음을 굳건하게 하여 그를 대적하라..."

(베드로전서 5:7~9a)

"우리가 사랑함은 그가 먼저 우리를 사랑하셨음이라" (요한1서 4:19)

🌿 **저와 함께 소리 내어 기도해 주세요.**

사랑하는 하나님, 제가 남편을 위해 기도할 수 있도록 도와주세요. 예수님께서 남편을 위해 중보하고 계심을 믿습니다. 그리고 저도 주님의 일에 동참하기를 원합니다. 스바냐 3장 17절 말씀을 믿고 선포하는 믿음을 허락해주세요.

"너의 하나님 여호와가 너의 가운데에 계시니 그는 구원을 베푸실 전능자이시라 그가 너로 말미암아 기쁨을 이기지 못하시며 너를 잠잠히 사랑하시며 너로 말미암아 즐거이 부르며 기뻐하시리라."

예수님의 이름으로 기도드립니다. 아멘.

차분히 기도하면서 결혼 생활을 돌아보고, 하나님이 주시는 마음을 따라가 보세요. 소그룹 모임을 통해 서로의 경험을 나눌 때 모임에서의 대화뿐만 아니라 주님과의 관계도 더욱 깊어질 것입니다.

· · · · ·

1. 가장 마음에 와닿은 구절에 밑줄을 긋고 이유를 써보세요.

2. 남편을 위해 기도하는 시간을 따로 갖고 있나요? 어떤 기도를 하나요?

3. 결혼 생활에서 기도의 능력을 경험한 적이 있다면 나누어 주세요.

4. 빌립보서 4:6~7 "아무 것도 염려하지 말고 다만 모든 일에 기도와 간구로, 너희 구할 것을 감사함으로 하나님께 아뢰라 그리하면 모든 지각에 뛰어난 하나님의 평강이 그리스도 예수 안에서 너희 마음과 생각을 지키시리라"를 묵상하고, 기도가 우리의 마음과 관계를 어떻게 변화시킬 수 있는지 써보세요?

5. 남편을 위해 기도하는 것이 어려운 순간이 있다면, 그 이유는 무엇일까요?

여호와 하나님이

사람이 혼자 사는 것이 좋지 아니하니

내가 그를 위하여 돕는 베필을 지으리라

창세기 2:18

나는 내 **남편의**
돕는 배필입니다

남편이 하나님의 뜻을 이루도록 돕는 아내

초판 발행	2025년 3월 20일
지은이	베벌리 브래들리
옮긴이	윤주란
발행인	박진하
편집	홍용선
펴낸곳	홈앤에듀
신고번호	제 379-251002011000011호
주소	경기도 성남시 수정구 탄리로80, 4층
전화	050-5504-5404
홈페이지	홈앤에듀 http://homenedu.com
패밀리	홈스쿨지원센터 http://homeschoolcenter.co.kr
	아임홈스쿨러 http://www.imh.kr
	아임홈스쿨러몰 http://imhmall.com
	아임홈스쿨러 페이스북 http://facebook.com/imhkr
판권소유	홈앤에듀
ISBN	979-11-978007-8-8
값	13,000원